MW01286581

Mentora en autopublicación: Anita Paniagua
Programa Emprende Con Tu Libro
www.anitapaniagua.com

Edición y corrección: Mariangely Núñez Fidalgo
arbola.editores@gmail.com

Diseño gráfico y portada: Amanda Jusino
www.amandajusino.com

Fotografía del autor: L. Raúl Romero
raulromerophotography@gmail.com

Página web: www.vilatomarrero.com
www.vendedordegrandesligas.com

Redes sociales:
www.facebook.com/vilatomarrero
www.instagram.com/vilatomarrero
www.linkedin.com/in/vilatomarrero
YouTube/Vilato Marrero

Correo electrónico: info@vilatomarrero.com
(787) 367-4626

Juego estratégico **para acelerar tus ingresos**
con las Once Entradas **de venta**

EL VENDEDOR DE GRANDES LIGAS

Vilato Marrero

Tabla de contenido

Vilato Marrero

$\sqrt{}$vi

Dedicatoria

Dedico este libro a mis padres, Israel Marrero y Nilda Vázquez (qepd), quienes fueron mis héroes y mentores por excelencia al modelar el trabajo, la compasión y lograr mantener una familia de cuatro hijos amorosos y unidos: Oreste, Aramis, Nadyanil y yo. A mis hijos Adriana y Alejandro, que ejemplifican la unión, inteligencia y el respeto que todo padre desea en sus hijos.

Y al Ser Supremo, sin Él, nada de lo anterior hubiese sido posible.

Vilato Marrero

√2

Empezando el juego: ¿En qué liga de las ventas te encuentras?

¿Recuerdas la primera vez que con tu mejor sonrisa le ofreciste tu producto o servicio a tu primer cliente? Invertiste minutos, o tal vez horas, para dar lo mejor de ti. Tu sueño es lograr más ventas para generar más ingresos. Sabes que tienes que convertir los clientes potenciales en ventas y estás comprometido a brindar un servicio de excelencia, haces todo lo que está a tu alcance para lograrlo, pero luego te dicen que no. Tal vez entiendes que sabes cómo conectar con ese cliente, pero no logras los resultados esperados. Entonces, te entra la ansiedad por lograr la venta porque necesitas vender más rápido y, al final, te encuentras casi suplicándole por la venta, lo que te hace ver como el vendedor mendigo.

Entiendo perfectamente cómo te sientes porque en mi trayectoria en el mundo de las ventas, también caí en esa trampa: buscar rápido la venta. Ahora bien, no pasó mucho tiempo hasta que pude ver que las ventas son como el béisbol. Me di cuenta de que para atraer clientes y lograr la venta, necesitaba prepararme en el terreno del juego.

Si trabajas como vendedor independiente, sabrás lo importante que es convertirnos en dueños de nuestros actos en el ciclo completo de la venta, administración, publicidad, impresor, editor y muchas otras funciones y tareas. Es trabajo arduo 24/7 y no muchos están dispuestos a salir de la malla de protección para retarse y generar cambios en las áreas de su vida profesional, personal, familiar y social.

Cada día que paso ejerciendo como *coach* profesional estoy convencido de que ventas y servicio es liderazgo. Liderazgo no solo corresponde a personas con posiciones escaladas en una empresa. Influenciar a través acciones de liderazgo, corresponde positivamente a los procesos de ventas y servicio, sobre todo, cuando trabajas con clientes.

Mi visión es lograr la profesionalización de la posición del vendedor a través de procesos consistentes de este mundo fascinante de las ventas. Transformar a vendedores en profesionales de alto rendimiento que brinden experiencias de excelencia a sus clientes. Empoderarlos con los pilares de las ventas para que eleven su nivel de juego, demuestren un servicio constante que incluya acciones genuinas de ventas, servicio y liderazgo. Incorporar cursos continuos de certificación para lograr mantenerlos a la vanguardia de las buenas prácticas del proceso de ventas.

El beneficio está en la innovación, uniformidad, adaptación de las nuevas tendencias de compra del consumidor, comprender mejor sus necesidades y lograr exceder sus expectativas de compra. El estar consciente y cambiar nuestra mentalidad beneficia a todos: primero, beneficia al consumidor porque obtiene mejor atención y una experiencia de compras superior; segundo, a la empresa por la buena imagen y reputación que logra, al tener un equipo de ventas educado y profesional; tercero, beneficia al vendedor mediante la educación continua, mejor desempeño, crecimiento profesional y mayores ingresos por el aumento de ventas y el retorno de clientes convertidos en socios de por vida. Esta es la receta

ganar, ganar, ganar y está al alcance de todos los que tenemos la bendición de atender clientes, que nos regalan esa oportunidad preciada de brindarles experiencias únicas
de ventas.

Soy un apasionado de las ventas, servicio y
el liderazgo y he logrado crear esta fórmula
sencilla y práctica para que la puedas aplicar
inmediatamente en tu vida profesional y muy
bien adaptarla a tu vida personal. He practi-
cado y perfeccionado cuidadosamente estos
pasos de ventas para que logres resultados
sorprendentes. *El vendedor de grandes ligas*
es la metodología que consta de *Once Entradas de Ventas*, que he combinado con acciones de servicio y liderazgo para romper con los
paradigmas de ventas tradicionales. Al convertirla en tu guía, elevarás tus niveles de
conocimiento y ejecución, y aumentarás tu valor profesional. Esta metodología está centrada

en sentido común y la conexión que se logra para educar, con un lenguaje simple que te ayude a influenciar y acelerar tu desarrollo a través de las mejores oportunidades y los mejores ingresos para ti, tu empresa y tu familia.

En mi práctica, esta metodología descansa en este concepto: antes de hablar de ventas o servicio, primero conecta con el cliente. Siempre que tengo contacto e interacción humana, hago un esfuerzo genuino para conectar con las personas. Te garantizo que si aprendes y ejecutas la metodología de *El vendedor de grandes ligas* con sus *Once Entradas de Ventas* lograrás regalar una gran experiencia a tus clientes, aumentar tus oportunidades, conseguir que tus ventas, al igual que tus ingresos, se disparen, y podrás alcanzar una mejor calidad de vida. También te recomiendo que hagas un inventario de tu actitud porque según como veas la vida, enfrentes tus retos, obstáculos y derrotas diarias, será tu habilidad ingeniosa de levantarte tal como lo hacen las personas exitosas. Siempre recuerda que la ganancia está en el aprendizaje.

Agradezco al gran deporte del béisbol porque aunque no tuve el privilegio de jugar en las Grandes Ligas, hoy en día preparo a los equipos de ventas de las empresas para que se conviertan en líderes y **vendedores de grandes ligas.** Ser un *vendedor de grandes ligas* significa hacer posible los sueños de tus clientes, porque cuando adquieren tu producto, disfrutan de las emociones que les brinda. Considera esto: cuando un cliente compra tu bien o servicio, adquiere mucho más porque es posible que le ayude a tener una mejor calidad de vida, a aumentar sus ingresos, a mantener su trabajo, a tener más horas de descanso, nuevas o mayores satisfacciones personales o familiares, entre cientos de otras razones. Así que la próxima vez que creas que solo estás vendiendo un producto, piensa en cómo le puede añadir calidad a la vida de tu cliente y desarrolla una presentación que muestre cómo la transformará.

> Para mí, esto es la industria de la felicidad: hacer realidad los sueños de los clientes y convertir lo que se inició como una experiencia de compra, en relaciones de por vida.

De jugador de béisbol profesional a vendedor de grandes ligas

Muchas veces me he preguntado cuál habría sido mi destino si no me hubiese lesionado esa tarde de verano mientras jugaba béisbol profesional con los Cerveceros de Milwaukee. Acaso, ¿un buen jugador?, ¿integrante del grupo selecto en el salón de la fama?, ¿quizás un jugador del calibre de Iván Rodríguez, Roberto Alomar o Juan "Igor" González? ¡Quién sabe!, pues no podemos predecir nuestro futuro y mucho menos lo que no sucedió. No podemos controlar factores externos, ni siquiera planificar los acontecimientos que simplemente suceden inesperadamente. Un accidente terrible mientras me deslizaba en segunda base, me lesionó y, probablemente, impidió que llegara a las Grandes Ligas o como muchos lo conocen, el *Big Show* del béisbol profesional. Todo comenzó en el 1990, en la ciudad de Springfield, Illinois, mientras mi equipo, Beloit Brewers, jugaba una serie como visitantes contra los Cardenales de Springfield. Nos encontrábamos a la ofensiva, la fanaticada gritaba en esa tarde calurosa y yo estaba en primera base luego de conectar un imparable, cuando mi compañero de equipo batea por primera base. Inmediatamente, emprendo mi corrido hacia la segunda almohadilla, me deslizo con las piernas primero para evitar la doble jugada, cuando siento que algo terriblemente mal me había sucedido. Rápidamente comprendo que fue un mal deslizamiento en el que mis zapatillas de clavos hicieron su trabajo al contacto con la tierra para detenerme. El gran detalle era que mi cuerpo no estaba deslizando en la tierra y se encontraba en el aire cuando, de pronto, siento un enorme y agudo dolor físico. Sentí que mi tobillo se había destrozado y ahora me encontraba retorcido de dolor en el terreno de juego que tantas emociones alegres me había regalado. Esta emoción era distinta, nada positivo pasaba por mi mente y mis compañeros de equipo fueron muy solidarios al intentar ayudarme, sin embargo, no había consuelo efectivo para eso dolor tan profundo, insoportable. No recuerdo cuántas vueltas di por el suelo, pero sí que me encontraba rodeado de mis compañeros de equipo, como si sintieran el mismo dolor que me abatía. En ese momento, alcancé las piernas de mi compañero Henry Reynoso y lo apreté con todas mis fuerzas. Él, asustado me preguntó: «¿*Vilato, que te sucede?*». Le contesté desesperado: «*¡ES QUE ME DUELE!*». Sospechaba lo peor. El doctor de turno en el hospital de la ciudad diagnosticó un desgarramiento severo de ligamentos, par de huesos rotos, iba a necesitar tornillos, varias operaciones y una larga recuperación.

La próxima temporada regresé a los campos primaverales de la Liga del Cactus en Peoria, Arizona. Fue una temporada agridulce porque mi condición física afectó mi desempeño. Mi tobillo me dolió durante toda la temporada y, en ocasiones, sentía punzadas muy agudas que me detenían. En un momento dado, un *coach* me preguntó que por qué corría como si tuviera dolor; y le contesté que no sentía dolor porque el béisbol era mi pasión y quería jugar. No iba a permitir que me enviaran a la lista de lesionados. Me dije: *Solo aguanta el dolor y podrás continuar jugando.*

Ese año, 1991, completé la temporada. Pero, una tarde mientras estaba en mi casa durante la *temporada muerta,* recibí una carta timbrada de la organización, que cambió mi vida: había sido declarado agente libre. Una noticia devastadora que nadie de los que amamos la profesión del béisbol organizado desea recibir.

Comencé a entrenar para buscar otro equipo y me volví a lesionar, pero esta vez en el hombro de tirar. Era tan grave el dolor, que luego de hacer un tercer lanzamiento, tenía que detener cualquier actividad para aliviarlo. Hice varios *tryouts* (pruebas) con respetables escuchas, pero es difícil impresionar cuando tu condición física está lejos de ser óptima.

Probablemente, esa lesión impidió mi permanencia en el béisbol profesional, y ¿quién sabe?, pues solo un ínfimo 3 por ciento de los peloteros que firman, son los que llegan a las Grandes Ligas. Lo que sí estoy seguro es que no permití que este obstáculo definiera mi futuro. Experimenté el dolor físico, pero más fuerte fue el dolor emocional, muy parecido al del duelo cuando pierdes un ser querido. Pasé todas las etapas de este proceso: negación, ira, negociación, depresión y aceptación. Definitivamente, me ayudó a cerrar un capítulo importante en mi vida y transformarme en el arquitecto de mi futuro para comenzar nuevos capítulos exitosos a través de las ventas, el servicio y el liderazgo.

En la etapa final de este proceso, comprendí que el béisbol había terminado para mí y que era el momento de tomar decisiones. *¿Y ahora qué?*, pensé. Siempre tomo decisiones determinadas, sin vuelta atrás, ya sea en el ámbito personal o profesional. Considero que hay que cerrar un capítulo de la vida para poder darle la bienvenida lleno de emoción a la aventura de otros nuevos.

El primer paso fue actuar. Había descubierto mi pasión por las ventas durante la adolescencia, cuando trabajaba en la tienda de ropa de mi padre, en Bayamón. Así que inmediatamente, me inscribí en la Universidad Interamericana para estudiar Administración de Empresas con concentración en Mercadeo, porque está alineado con las ventas. Trabajaba y estudiaba en condiciones duras pues a los 21 años de edad, comencé a manejar un departamento de la cadena multinacional de Hoteles Radisson. Tenía horario nocturno, terminaba a las 6:00 a. m. y ya a las 8:00 a. m. estaba en clases hasta el mediodía. Hubo ocasiones en que los turnos de trabajo de la semana eran variables y combinados con los estudios implicaban una gran demanda física y emocional.

A pesar de todo, logré graduarme de la universidad, en el 1997 y comencé una etapa de desarrollo y decisiones que aceleraron mi carrera y, a la vez, fue formando el profesional de negocios que hoy me define. Incursioné como profesional de venta de autos en Abreu Power Motors y logré ser parte del grupo de los 10 Vendedores Elite en Puerto Rico, seleccionado por Daewoo. Dos años más tarde, trabajé en Caribbean Retail Services, una compañía novel en Puerto Rico que subcontrataba gerentes de financiamiento para Suzuki del Caribe, San Juan Suzuki y otros concesionarios de autos. En esta empresa desarrollé otra de mis pasiones: entrenar a nuevos empleados sobre los procesos de financiamiento de autos y convertirlos en profesionales exitosos. Luego, en el 2006, logré grandes éxitos en ventas, ingresos, viajes de incentivos y reconocimientos al pertenecer al grupo de los 10 Vendedores Elite de Puerto Rico como profesional de ventas para San Juan Suzuki. Mediante las estrategias y ventajas competitivas que delineé, además de ingresos económicos, logré ganar 9 viajes de incentivos en solo 4 años y varios concursos. También logré el primer lugar en Puerto Rico, en la competencia de destrezas de conocimiento y atención de servicio *Suzuki Grand Vitara Product Knowledge,* que consistió en la presentación de las características, ventajas y beneficios del producto ante un panel de jueces que evaluaban destrezas sobre *proposiciones de valor*. En el 2011, acepté la posición como *Dealer Development Manager* con la compañía Premier Warranty Services (PWS), que representa productos exclusivos de protección de averías mecánicas. En poco tiempo, fui nombrado *Senior Dealer Development Manager* y mi desarrollo se aceleró bajo la mentoría del Sr. Javier Echeandía, uno de sus directivos, y los adiestramientos cruzados en distintas áreas en los cuales me invitó a participar. Aprendí que solo no puedes lograr tu máximo potencial de crecimiento y que siempre habrá uno o varios *coaches* que aportarán valor y harán que tu desempeño mejore, crezca y se afine. Sin embargo, el momento decisivo llegó en el año 2016, cuando me certifiqué como *Teacher, Trainer, Coach and Public Speaker,* luego de casi un año de estudios y preparación con mi mentor John C. Maxwell. Incorporé mi compañía VM Enterprises LLC y comencé a vivir mi sueño de impactar otras vidas a través de las ventas, el servicio y el liderazgo de grandes ligas.

Mi experiencia ha sido de aprendizaje, crecimiento y exitosa de muchas maneras, al punto de poder desarrollar un sistema de ventas que hoy te presento como una metodología: *Las once entradas del vendedor de grandes ligas.* Sin embargo, estos éxitos se manifestaron al hacer realidad el sueño de miles de clientes satisfechos.

¿Qué es un vendedor de grandes ligas?

Ser un vendedor de grandes ligas es aprender a ejecutar los fundamentos de las ventas, es comprender que la práctica te prepara en salones de adiestramientos, pero el juego es cuando les sirves a tus clientes y aquí se canta *¡Play Ball!* Al leer este libro, aprenderás las *Once Entradas de Ventas y las Cinco Herramientas* que todo vendedor de grandes ligas debe ejecutar. Conocerás las mejores prácticas de ventas y cómo regalar experiencias memorables a tus clientes. Identificarás el **Momento del Hit Impulsador** de cada entrada, cuando ocurre una acción positiva al proceso de ventas que crea una energía, un *momentum* que te impulsa a lo próximo. Te convertirás en ese jugador de bateo oportuno cuando tu equipo más te necesita. Serás un *clutch hitter* de las ventas. Te enseñaré a sacarla del parque con las bases llenas y ganar el juego con un formato de ejecución interactivo 80/20: 80% práctica y 20% teoría a través de los ejercicios de fogueo al final de cada entrada. En fin, aquí te comparto mis herramientas para que adoptes una mentalidad de un competidor de alto rendimiento, te conviertas en un profesional de ventas y salgas listo a ejecutar y lograr conversiones en tu piso de ventas.

Mi mayor deseo es que, cuando integres estas *Once Entradas* a tu terreno de juego, logres aumentar tus oportunidades, tus cierres, tus ventas, tus ingresos y tu calidad de vida.

¡No te ponches
sin tirarle a la bola
con las bases llenas!

Vilato Marrero

$\sqrt{24}$

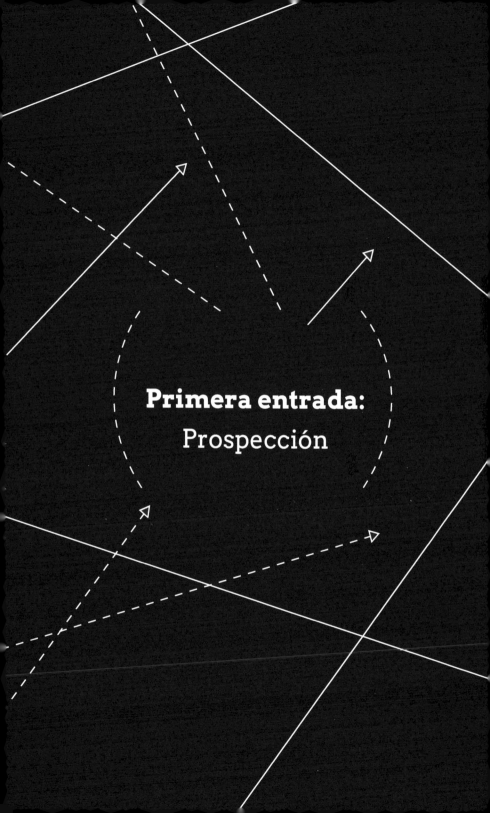

Primera entrada:

Prospección

Nadie descubre algo que está invisible, por eso, el objetivo primordial de esta entrada es hacerte visible. Prospección es la búsqueda de clientes potenciales mediante el mercadeo de productos o servicios y el uso de distintos medios de comunicación. A través de las preguntas *¿quién eres?, ¿qué haces? y ¿cómo puedes beneficiar con tus productos?* generas visibilidad ante posibles clientes.

La prospección requiere definir estrategias y el plan de publicación en los medios para dar a conocer tus ofrecimientos de productos, servicios o ambos. Esta *Primera entrada* es "el juego antes del juego" como lo hace un equipo de béisbol que escoge sus jugadores y establece la estrategia antes de que comience la temporada.

> Los juegos y los negocios se deciden en la mesa de estrategia, ya que las jugadas o acciones son solo elementos de un plan maestro.

En los negocios, esta búsqueda de clientes potenciales sucede antes de la visita del cliente. La comunicación con este objetivo se ha dirigido de los medios de comunicación masiva tradicionales hacia las redes sociales por el alcance y accesibilidad económica, respuestas identificables en corto tiempo y porque permiten obtener una base de datos mucho más amplia. Aún así, al delinear un plan de comunicación, no debemos obviar los medios tradicionales porque puedes llegar a otras personas que no se conectan a través de las redes. Es recomendable tener una estrategia diversificada en los distintos tipos de medios que hayas identificado como canales de comunicación para conectar con tu público objetivo o cliente potencial.

Una forma efectiva y poderosa para captar la atención de clientes potenciales en los medios digitales, es mediante la publicación de vídeos cortos que expliquen tu producto y tus servicios. Cada vez que realizo una grabación y lanzo un vídeo de mis trabajos de venta, servicio o liderazgo, la respuesta de *likes, shares* y comentarios se dispara con interacciones de seguidores que muestran interés. Me sirve para identificar clientes potenciales quienes, eventualmente, se convertirán en clientes satisfechos. A esto me refiero cuando hablo de prospección. No importa cuál sea tu estilo, lo importante es que lo hagas.

Las estadísticas del *Digital & Mobile Behavioral Study*, presentadas en el 2018 por la Asociación de Ejecutivos de Ventas y Mercadeo de Puerto Rico (SME), indican que el 94.3% de usuarios de Internet en Puerto Rico tiene conectividad a través de teléfonos celulares. Es vital conocer estos datos, comprender la importancia de estar presente en los medios y atender rápidamente a estos clientes que tienen mayor acceso a la información y a las ofertas.

En una ocasión, me contactaron para realizar una presentación de mis servicios en Global Mattress, una empresa de Juana Díaz completamente puertorriqueña, la cual cuenta con una historia fascinante: rica en éxitos, resiliencia y adversidades convertidas en victorias.

En mi presentación, se encontraban el presidente, el gerente general, el gerente de Ventas, la directora de Recursos Humanos y el director del Centro de Llamadas. Luego de hacer la presentación y acordar la realización del trabajo, pregunté de forma curiosa, cómo se enteraron de mis servicios. Resultó que el director del Centro de Llamadas es seguidor de mi trabajo y mis vídeos a través de mi *fanpage* de Facebook y cuando se vieron en la necesidad de adiestrar a su personal sobre temas de ventas, fui una opción porque al tener presencia en los distintos medios había creado presencia en la mente de mi cliente potencial.

Para darte otro ejemplo sobre la importancia de la prospección, recuerdo cuando anuncié que ofrecería el adiestramiento *Proceso de Ventas y Manejo de Objeciones*. La estrategia de mercadeo incluyó pautas en distintos medios tales como Facebook Ad Sponsored,

Webpage Ad, *email blast* y anuncios impresos en la revista Adrenaline. Estaba monitoreando muy de cerca los registros en línea, cuando me llamó la atención uno en particular. Se había registrado la gerente de ventas de Enco y Weco, una reconocida empresa de pinturas y *cementicios* (productos a base de cemento). Aunque el adiestramiento estaba mayormente dirigido a vendedores de la industria de autos, la gerente de la empresa de pinturas se integró y realizó los ejercicios de presentación en vivo muy diestramente. Al finalizar le pregunté qué le había parecido el adiestramiento y cómo se había enterado de mis servicios. Su respuesta fue que el gerente general de la empresa había recibido mi promoción a través de Facebook y la refirió para que asistiera. Esto no termino allí, pues un mes más tarde, me contrataron para desarrollar la Escuela de Vendedores de la empresa en procesos de ventas y manejo de objeciones, durante los próximo seis meses. Además, como conozco la importancia del tema del liderazgo en las ventas y relaciones con los clientes, lo añadí como parte del currículo.

Así mismo, la prospección fue sumamente decisiva en mi primer adiestramiento abierto al público. A pesar de todos los esfuerzos, sacrificios, del trabajo y el tiempo invertido anunciándolo, la ganancia neta del adiestramiento fue solamente $1,000.00 dólares. Sin embargo, ese mismo esfuerzo me ayudó a lograr un contrato de $15,000.00 para desarrollar un grupo de jóvenes profesionales en las disciplinas de venta, cobro, servicio y liderazgo. ¿Crees que estas tres historias de prospección convertidas en clientes hubiesen sido posibles sin acción? Cuando realizas una acción, se generan historias, conexiones y oportunidades.

Es necesario utilizar diversas estrategias y plataformas de prospección. La acción es la clave. Tus clientes potenciales están en todos lados y aparecen de muchas maneras, incluso de aquellas que desafían toda lógica.

Acción + Clientes Potenciales + Ventas + Ingresos = Calidad de vida

(logros/ tus resultados/ lo que deseas para tu vida...).

Durante los seis años que trabajé como profesional de ventas en la industria de vehículos, pertenecí al grupo de los Diez Profesionales de Más Ventas en todo Puerto Rico para las marcas Daewoo® y Suzuki®. Logré ganar buenos ingresos, once viajes de incentivo por ventas y múltiples reconocimientos. Debo confesar que esto fue posible gracias a la prospección constante que realizaba. ¿Quieres saber cuáles fueron las 3 estrategias que me ayudaron a alcanzar el éxito a través de la prospección?

1. La creación y el mercadeo de mi propia página de Internet con el nombre de Vilato Marrero para la venta de autos Suzuki®. Esta poderosa herramienta me ayudó a lograr hasta un 25% del total de mis ventas anuales. Mi página estaba enlazada a otra página muy exitosa para la venta de autos: Clasificados Online. Los clientes potenciales pulsaban el enlace que los guiaba a mi página donde se encontraba mi historia, misión, visión, valores, inventario y el formulario de contacto.

2. Otra estrategia exitosa que me agenció un 45% de mis ventas fue idear un programa de referidos. Anuncié mi plan de incentivo por referidos a todos mis clientes, familiares y compañeros de trabajo de otros departamentos. Recuerdo que tenía referidos de todos los departamentos de la empresa y hubo meses en los que tuve hasta 4 referidos de una sola persona que se convirtieron en ventas. Mi estrategia fue compensar por adelantado, en el mismo día de la venta y antes de cobrar la comisión del negocio. Realicé una sencilla fórmula matemática para crear este plan de incentivo: analicé mi ganancia promedio por auto, un poco de tolerancia al riesgo y estos números resultaron en una cantidad neta de cientos de dólares por unidad. **Luego me hice la siguiente pregunta: *¿Prefieres ganar la venta y cientos de dólares netos por unidad o prefieres ganar $0 que es sinónimo de inacción?*** Siempre visualicé este plan de incentivos por referidos como una inversión; otros colegas lo interpretaban como un gasto.

3. La tercera estrategia que resultó muy efectiva en aquel momento fue publicar en los clasificados de los periódicos. Identifiqué que este medio acomodaba los anuncios según el orden cronológico en que se

compraba el espacio, bajo la marca que se mercadeaba en la sección de los clasificados. Mi anuncio se mantuvo en primer lugar durante años porque los compraba con hasta cuatro meses de anticipación para asegurar ese primer espacio que, además, era la primera opción que veía el lector para llamar.

Esto es un ejemplo de que si adoptas una mentalidad estratégica, conoces tu negocio e identificas oportunidades donde otros no las ven, puedes desarrollar una ventaja competitiva que te separe de los demás.

Siempre pienso que cualquier persona con quien interactúe es un cliente potencial a quien puedo convertir en cliente satisfecho. Así conocí a Juan, un joven que laboraba como cajero en un supermercado cerca del concesionario de autos donde yo trabajaba.

Luego de observar su nombre en el uniforme, lo saludé con un *Buenos días, Juan*. Él contestó sorprendido pues no éramos conocidos. Le hice preguntas de prospección: *Juan, ¿qué auto conduce?* Luego de identificar la marca, modelo, año del auto y sus necesidades de transportación, Juan se convirtió en un cliente y salió felizmente montado en su Suzuki Grand Vitara. Solo tomó un poco de mi tiempo y deseos genuinos de ayudar a que otras personas puedan disfrutar el auto de sus sueños. Para mí, no hacerlo significaba perder esa y otras oportunidades de venta. Practiqué este proceso hasta dominarlo y lograr que fuera efectivo la mayoría de las veces, además, se convirtió en un estilo de vida natural para mí. Cada oportunidad en que conozco nuevas personas, acostumbro a enterarme dónde trabajan, si tienen equipos gerenciales y de ventas y cuáles son sus necesidades de desarrollo. Esta práctica en la que demuestro un interés genuino por identificar alguna necesidad, también se ha convertido en una estrategia con la que he generado muchas amistades, además de contratos importantes. Me ha llevado a tener la oportunidad de acercarme y llegar a las personas que toman las decisiones del desarrollo del personal de su empresa. Estos contratos se han convertido en el mejor retorno de inversión porque su costo de mercadeo y publicidad es totalmente gratis.

Hay muchas formas sencillas, pero poderosas, para conectar un cuadrangular con las bases llenas y hacer que tu volumen de ventas crezca. **Te reto a que preguntes sin miedos, a que provoques una comunicación casual genuina, pero estratégica, de descubrimiento.** En la prospección, resulta mejor estar en la ofensiva que a la defensiva; a mayor cantidad de clientes potenciales, mejoran las posibilidades de hacer una venta. Claro que hay otros factores que influyen en el proceso de ventas, pero esos los iremos discutiendo en las próximas entradas.

¡Sácale partido al **Momento del Hit Impulsador!:** Cuando el cliente potencial **responde a tu esfuerzo** de Prospección sobre tu producto o servicio.

Fogueo:
Tu turno al bate

- - - → **1.** Identifica 3 medios de comunicación o lugares donde puedas conseguir clientes potenciales

 A - _____

 B - _____

 C - _____

- - - → **2.** Preséntate. (En 3 líneas, describe cómo vas a presentarte ante tu cliente potencial en estos contactos casuales).

 Ejemplo: *"Buenos días, Juan. ¿Qué auto manejas? Ese auto cualifica. Mi nombre es Vilato Marrero, represento (nombre del dealer*

y el gerente está comprando autos como el suyo. ¿Ha pensado cambiarlo?".

_____

_____

_____

– – – → **3.** Ahora escribe qué le dirás para lograr obtener su nombre y número de teléfono u otra manera de contactarle y coordinar una cita. EJEMPLO: Si me da una manera de contactarle, podemos hacer una evaluación para su beneficio.

_____

_____

_____

*Es importante que, en esta entrada, seas consciente de que lo que buscas es "vender" una cita, lograr una reunión con tu cliente potencial.

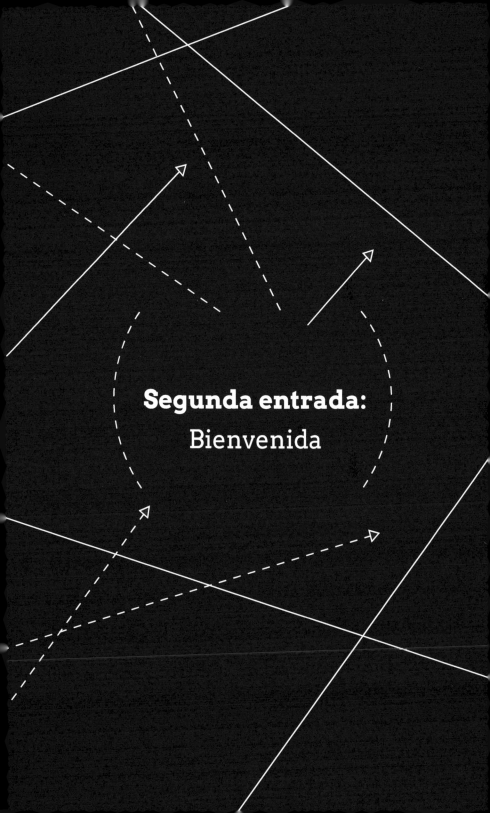

Segunda entrada:

Bienvenida

Te felicito, comenzaste la carrera y llegaste a la segunda entrada. *La Bienvenida* es el recibimiento que se le da a un cliente y que es motivo de gran alegría. Si te aseguras de comenzar bien esta entrada del juego, verás cómo aumentan tus probabilidades de ganar el partido. A través de la prospección, motivaste al cliente a que te brindara una oportunidad para conocerle y presentarle el producto. Generalmente, esta oportunidad sucede porque realizaste un buen trabajo y ganaste la cita que permitirá comenzar una relación entre cliente y vendedor.

Esta segunda entrada está diseñada para construir una relación desde el mismo inicio en que ambos se conocen.

> Sin embargo,
> muchos vendedores,
> por falta de conocimiento del
> proceso, confunden la bienvenida y
> comienzan a vender el producto.

Presta atención a las siguientes sugerencias:

1. No caigas en la trampa de vender el producto; no es el momento. Deja la ansiedad y muestra paciencia.

2. Evita ver a tu cliente como un signo de dólar; la metodología de *El vendedor de grandes ligas* te asistirá a seguir las entradas que lograrán el cierre y el dinero

llegará orgánicamente a causa de esta filosofía de buen servicio.

3. El precio en la venta es un elemento importante, pero, por experiencia, el proceso de ventas se traduce en valor y, precisamente es ese valor el que comenzamos a construir desde el principio, sin dilaciones ni tiempo que perder.

4. Hay una regla de oro en las ventas y es que **el primer producto que vendes es tu persona.** Es en este momento cuando aplica perfectamente el concepto que mencioné en la introducción:

> Antes de que me hables
> de ventas o servicio,
> conecta conmigo.

Este comienzo es clave: puedes *atrapar la pelota como también puedes dejarla caer* y perder la venta. Dejarla caer no es opción y, como en toda relación, lo que comienza bien tiene grandes posibilidades de culminar bien. Visualiza a tus clientes como invitados que entran a tu *segundo hogar,* te brindan una oportunidad de negocios y, por tal razón, es de importancia mantener una mentalidad ordenada del proceso que incluya: conocerlos, ganar su confianza, convertirlos en amigos y, finalmente, hacerlos clientes de por vida. La *Bienvenida* tiene el estilo de ser una conversación natural, liviana y directa al propósito de conocer y dejarte conocer ante tus clientes.

Para ofrecerte un ejemplo, comienzo de esta manera: «*Buenos días, mi nombre es Vilato Marrero, profesional de ventas para ABC, Inc. Gracias por darnos la oportunidad con su visita. ¿Su nombre es? ¿De qué pueblo nos visita?». (Busca cosas en común de su pueblo u otro interés para que puedas desarrollar una conversación, a la cual puedas añadir grandes dosis de positivismo).*

Aprendí a crear afinidad emocional con mi cliente cimentada en este principio humano: *Antes de pedir una mano debes hablar con el corazón,* lo que significa conectar primero con el ser humano que es tu cliente, antes de presentar o vender un producto.

¿Cómo puedes lograr este *rapport* con tu cliente?

- Interésate en conocerle.
- Escucha sus motivaciones.
- Encuentra puntos en común para construir puentes de unión, como lo hacen los integrantes de un equipo que juegan unidos para lograr más victorias.

Una estrategia que me ayuda en esta entrada es pensar que esta interacción es igual a una conversación habitual como la que tienes con un vecino o amigo. Al adoptar una actitud normal y relajada, la conversación fluye y transmite un mensaje de tranquilidad a tu cliente. En otras palabras, deja de pensar que es tu cliente y, para elevar el proceso, recíbelo como a un invitado y amigo, siempre dentro de un marco profesional para evitar que se desvirtúe. **Conectar es la llave que abre la puerta del ser humano.** Durante las primeras entradas, lejos de presentar o querer demostrar conocimiento del producto, **me enfoco en conocer a mi cliente para convertirlo en un amigo que me permite ser su asesor de ventas o servicio. Como puedes observar, es una situación de lógica, orden y prioridades que se convierte en tu plan de trabajo.** En esta entrada resulta muy tentador comenzar a hablar del producto luego del intercambio de nombres.

Mi secreto es ejercer un poco de paciencia y evitar las presentaciones técnicas del producto que se alejan de la conexión y las necesidades de los clientes.

√50

> Como profesional de ventas, siempre lo primero es enfocarse en conocer al cliente; lo segundo, es permitir que el cliente te conozca. Recuerda que el primer producto que vas a vender es tu valor profesional.

Ahora bien, para que domines el arte de conectar a la perfección, que va más allá de un simple saludo, compartiré contigo unos consejos que me dieron grandes resultados:

- **Primero:** Para crear una excelente primera impresión, siempre preséntate impecable en vestimenta, limpio, fresco y descansado. Es decir, complementa tus conocimientos con tu imagen. Aplícalo tanto en reuniones presenciales (en persona) como virtuales.
- **Segundo:** La seguridad es clave en esta interacción y personalizar el saludo con el nombre resulta ser una fórmula ganadora. Siempre pregunta el nombre de tu cliente, haz un ejercicio de asociación y repítelo

inmediatamente para recordarlo y crear una afinidad saludable desde el inicio.

- **Tercero:** Al momento de estrechar su mano, regalar sonrisas ayuda a lograr enormes resultados. La sonrisa contribuye a crear la combinación perfecta entre ser agradable y mostrar grandes dosis de seguridad.

- **Cuarto:** Mantén la mirada fija en los ojos de las personas cuando las saludes y les hables, ya que te permite proyectar transparencia y ganar su confianza.

- **Quinto:** Es muy importante que el apretón de manos sea firme durante el saludo para que refleje tu seguridad y autoconfianza en ser un gran profesional.

- **Sexto:** Ante la presencia de personas mayores o niños, es importante repetir este proceso con ellos porque ayuda a inspirar confianza y brindar un sentimiento de conexión con todos los que están presentes.

Puedo compartir innumerables experiencias en que niños o jóvenes influenciaron una venta porque nunca los subestimé por ser menores y los hice sentir que eran parte del proceso de compra de sus padres. Así ocurrió cuando atendí a María, una joven madre que se encontraba con su hija, Nicole Marie, de 7 años, en un concesionario donde yo realizaba trabajos de desarrollo del negocio. Durante toda la presentación, le brindé atención a María e integré a su hija en el proceso de ventas. ¿Cómo lo hice? No solo me dirigía a María, también a su hija cuando, por dar un ejemplo, les pedí su opinión sobre el vehículo, entre otras preguntas. Además, les ofrecí refrigerios a ambas; esta, junto a otras atenciones, las hicieron entrar en confianza con mi persona, el producto y el concesionario. En el preciso instante en que le pido la venta a María, encuentro objeción en su toma de decisión y mientras le presento datos para apoyar la proposición de valor y los beneficios que el vehículo les brindaría, ella se viró hacia su hija y le consultó: «*¿Qué tú crees, Nicole?, ¿nos llevamos el auto?*». Nicole contestó con un rotundo sí. No es casualidad, había hecho mi trabajo: crear valor, afinidad y fui inclusivo con ambas. Es muy común ver a jóvenes tomando o cancelando decisiones de compra de sus padres, ya sea por recomendaciones encontradas en el mundo digital o por una percepción de poca confianza del joven hacia el vendedor.

Todos los presentes conforman un equipo y son valiosos por lo cual merecen tiempo y atención. Te reto a que atrapes la pelota e inicies una buena temporada de ventas.

¡Sácale partido al **Momento del Hit Impulsador!***:* Cuando logras esa **conexión emocionante** durante la Bienvenida.

Fogueo:
Tu turno al bate

- - - → **1.** ¿Qué vendes en esta entrada?

A - _____

B - _____

C - _____

- - - → **2.** Marca del 1-10 cómo te evalúas en los siguientes aspectos:

a. Apariencia

1	2	3	4	5	6	7	8	9	10

b. Vestimenta

1	2	3	4	5	6	7	8	9	10

c. Cabello

1	2	3	4	5	6	7	8	9	10

d. Saludo y presentación de tu nombre

1	2	3	4	5	6	7	8	9	10

e. Sonrisa

| 1 | 2 | 3 | 4 | 5 | 6 | 7 | 8 | 9 | 10 |

f. Mirada atenta

| 1 | 2 | 3 | 4 | 5 | 6 | 7 | 8 | 9 | 10 |

g. Apretón firme de mano

| 1 | 2 | 3 | 4 | 5 | 6 | 7 | 8 | 9 | 10 |

h. Conexión con todos

| 1 | 2 | 3 | 4 | 5 | 6 | 7 | 8 | 9 | 10 |

- - - → **3.** Practica tu saludo:

_____

_____

_____

_____

_____

_____

_____

_____

_____

_____

56

Tercera entrada:

Descubrimiento

Vamos por la tercera entrada del juego y estás listo para descubrir. Sabes que esta entrada es medular porque en ella descubres las necesidades del jugador: tu cliente. Vas descifrando su estilo, patrón o comportamiento, cuál lanzamiento prefiere en situación de dos *strikes*. Saberlo te brinda la oportunidad de establecer una estrategia de juego para servirle mejor.

> Muchos clientes están cansados de que les "vendas", por el contrario, prefieren sentirse que ellos están comprando, sin ser presionados, a través de lo que se conoce como *venta consultiva*.

La finalidad es la misma, pero está enfocada en descubrir las necesidades del cliente y darle información para asistirle en tomar las decisiones más favorables que le brinden satisfacción. A través de la venta consultiva, entablas una conversación fluida que te convierte en el asesor de tu cliente y él, a su vez, comprende que eres la persona con quien debe hacer negocios. **Evita caer en la trampa del discurso de ventas que es muy común en este punto.** Te sugiero hacer preguntas para conocerle más a fondo y mantener su interés. En mi experiencia, este estilo me ha permitido establecer relaciones saludables con grandes dosis de afinidad, excelente conocimiento del producto y un entendimiento profundo del perfil de mi cliente.

En esta entrada, te revelaré el secreto del éxito que he experimentado y las claves necesarias para que destapes tu potencial ilimitado en seis simples áreas de descubrimiento, que aumentarán tu desempeño a números que jamás pensaste alcanzar. Lo más que me apasiona de esta entrada, y de todo el proceso, es que se convierte en tu plan de trabajo, de manera que si lo comprendes y ejecutas, tus resultados pasarán de promedio a excepcionales en tan solo 30 días. **He adiestrado a miles de vendedores de alto rendimiento en diversas industrias y es común ver ejemplos donde han aumentado entre un 20% a 30% en ventas o ganancias con solo establecer este proceso en ventas.** Te invito a que visualices estos resultados en ingresos anuales para tu bolsillo y que ejecutes este método de ventas para que alcances una mejor calidad de vida. Este sistema de preguntas es tan efectivo que aplica a productos tangibles e intangibles, de todas las industrias de ventas, al por menor y al por mayor, seguros, banca, autos, celulares, servicios, manufactura, agencias de peloteros de grandes ligas, planes médicos y muchas otras categorías que estoy adiestrando en este momento. En mi experiencia, el realizar estas preguntas de descubrimiento añadió $36,000.00 dólares a mis ingresos en 1 año, con solo mejorar mis destrezas y aplicar este proceso. Fue un aumento sustancial de ingresos sin invertir un solo centavo y que solamente requirió aprender y aplicar la metodología de ventas. Perfeccioné el arte de preguntar de una manera conversacional, genuina, con la intención de conocer y poder ayudar. Esta práctica me ayudó a invertir mi tiempo con mayor eficiencia para tener la oportunidad de estar de frente ante todas las personas que ejercían influencia en la decisión en la compra. Añadí a mi profesión una especialidad en identificar el producto que mejor servía a mi cliente. Ahora veamos.

A través de las preguntas de descubrimiento identificas:

- si existe un *trade-in* o un artículo a intercambiar
- si la compra será financiada o en efectivo
- el propósito y uso del producto para elevar su experiencia de compra a través de programas de protección, entre otros

Por último, ganas su confianza al comprender sus pasatiempos, vida familiar y actividades que le llenan dentro y fuera del trabajo. Te invito a que utilices esta fórmula de preguntas ganadoras y descubras motivaciones e intenciones en una conversación relajada con tu cliente.

63

Descubrimiento de las necesidades del cliente

El haber servido a miles de personas, me enseñó a "entrar en el mundo del cliente", que significa conocer al ser humano que me está brindando la oportunidad de satisfacer sus necesidades a través de un producto. Este proceso me hizo comprender que hasta que yo no descubra sus motivaciones, gustos, preferencias, presupuesto, pasatiempos, hábitos y lugar de origen, entre otros, un cliente nuevo es un desconocido. Por lo tanto, ¿para qué voy a hacer una presentación a un desconocido? Si lo haces, te arriesgas a realizar una presentación genérica basada en lo tú entiendes y no en lo que el cliente necesita. Esto creará una percepción de que no lo escuchaste, hará que se sienta poco comprendido, que pierda su interés y te quedes con una oportunidad perdida. Nuestros clientes se merecen más y, de hecho, ellos exigen más debido a sus conocimientos, acceso a tecnologías globales y a la competencia. Evoluciona, actualízate y entra a la competencia dura, real pero fascinante, que existe allá fuera en nuestro campo de ventas. Si deseas obtener resultados de alto rendimiento como lo hace un vendedor de grandes ligas, entonces comienza a ser curioso y a descubrir. Lograrás mayor empatía con tu cliente y podrás hacer una presentación cuyo eje central sea las necesidades verdaderas de cada cliente. Este proceso mejora tu eficiencia, aumenta tu valor profesional, te ayuda a obtener más cierres de ventas, brindarás un mejor servicio y tus ingresos aumentarán significativamente sin invertir un solo centavo. Lo más excitante de todo es que los únicos requisitos que necesitas para hacer tuyo este proceso y capitalizar son: leer, aprender y ejecutarlo.

Utilizo estas preguntas para conocer genuinamente al cliente, lo que luego me permitirá crear una presentación diseñada específi-
camente para él. Una estrategia que me resulta muy efectiva es realizar estas preguntas de
forma casual y alejada del tono interrogante
para evitar tensiones innecesarias. Es como
tener una conversación con un amigo o familiar dentro de un entorno de respeto y ética. Para descubrir su **información personal,** pregunto: «*¿De qué pueblo nos visita?, ¿cuál es la
composición familiar?*». Cuando estoy descu-
briendo cuál es el **producto deseado,** pregunto: «*¿Qué marca y modelo desea?*». Cuando requiero conocer sobre las personas que
posiblemente **influyen** en su decisión: «*¿Al-
guien más decide esta compra?, ¿quién será
el usuario principal y el secundario?*». Cuando
voy a descubrir los **hábitos de compra,** pregunto: «*¿Con cuánta frecuencia cambia este producto?, ¿su uso es diario, semanal o*

mensual; personal o para el trabajo?». Para descubrir su **presupuesto,** pregunto: *«¿Será pagado en efectivo o financiado?, ¿cuál es su presupuesto?».* En esta entrada es importante saber si tiene algún **producto para intercambiar** y minimizar las sorpresas, por tal razón, pregunto: *«¿Esta compra es una adición o un reemplazo?».*

En resumen, la razón para hacer estas preguntas es conocer a mi cliente, atenderlo con las mejores prácticas de servicio dirigidas a su mayor satisfacción y lograr una mayor conversión de ventas.

Como podrás observar, este plan de trabajo está diseñado para saber cuáles son las motivaciones e intenciones del cliente que muchas veces no se dialogan y que, en ocasiones, por no tener esta información, nos hacen perder al cliente, la venta y los ingresos.

Este proceso te ayudará a conocer si tu cliente: está celebrando un ascenso de trabajo, promoción de mayor ingreso, cambio de trabajo, la ilusión de la llegada de un hijo, una boda, entre otros acontecimientos o adquiriendo un símbolo de estatus. También descubrirás si lleva tiempo buscando el producto en el mercado y si ha comparado otras marcas o modelos.

A continuación, lo que podrás descubrir: sus necesidades reales, su respuesta u opinión hacia el producto o algún detalle relacionado, compromiso del cliente y factores emocionales como felicidad, miedo, amor, aceptación, tristeza y percepción, entre otros. Es este descubrimiento en tu proceso de ventas el que te brinda un conocimiento amplio de tu cliente para ayudarle mejor y asistirle a tomar una decisión informada. Además, podrás contestar sus preguntas y aclarar sus dudas. *La Entrada de Descubrimiento* toma tiempo, sin embargo, es tiempo bien invertido porque la oportunidad de convertir una venta requiere estas destrezas y no siempre tenemos otro cliente esperando en la sala. Si se presenta la situación de tener uno o varios en espera, agiliza el proceso, pide ayuda y exhibe destrezas de cortesía ofreciendo refrigerios y tocando base con todos los clientes de tiempo en tiempo.

> En mi práctica como entrenador, he observado innumerables presentaciones técnicas de conocimiento del producto que se alejan de la conexión y las necesidades de los clientes.

Siempre me he preguntado, *¿cómo puede un vendedor realizar una presentación sin conocer las necesidades básicas del cliente?* Mientras me preparaba para certificarme como *coach* de liderazgo, el *coach* Christian Simpson, mi mentor maestro en temas de neurolingüística, siempre decía: *«A través de preguntas es la* *única forma de conocer a tu cliente, sus emociones y sus intenciones reales».* ¡*Boom!* En una clase de liderazgo validé lo que ya sabía en mi práctica de ventas y que había estado utilizando por tantos años de forma exitosa: el poder de las preguntas. Es el concepto de comprender las *corrientes submarinas* que son las emociones ocultas del cliente que en pocas ocasiones salen claramente a la luz. Presentado de otra manera, es el concepto de la teoría del *iceberg,* en el que observas una pequeña porción fuera del agua, pero lo masivo se encuentra en lo profundo de las aguas heladas. Este concepto fue fundamentado por el estilo literario de Ernest Hemingway que en sus escritos mostraba solo un 20% de la historia y el 80% restante lo dejaba a la interpretación del lector.

Ya sabes que **como profesional de ventas, la primera tarea que adopté fue conocer a**

mi cliente. La segunda fue permitir que el cliente me conociera, ya que el primer producto que requieres vender es tu valor profesional para apoyarlo durante el proceso. La tercera, fue aprender a adentrarme en su mundo y descubrir sus necesidades para luego satisfacerlas.

Te reto a que preguntes y descubras las necesidades de tu cliente.

¡Sácale partido al **Momento del Hit Impulsador!:** Cuando preguntas al cliente y **descubres sus gustos, deseos y necesidades genuinas** en el Descubrimiento.

Fogueo:
Tu turno al bate

- - - ➤ **1. Información personal**

¿Qué descubriste de tu cliente sobre su información personal?

A - _____

B - _____

C - _____

- - - ➤ **2. Producto deseado**

¿Qué descubriste de tu cliente sobre el producto deseado?

A - _____

B - _____

C - _____

‒ ‒ ‒ ➜ **3. Producto por cambiar**

¿Qué descubriste de tu cliente sobre su producto por cambiar?

A - _____

B - _____

C - _____

‒ ‒ ‒ ➜ **4. Situación financiera**

¿Qué descubriste de tu cliente sobre su situación financiera?

A - _____

B - _____

C - _____

‒ ‒ ‒ ➜ **5. Toma de decisión**

¿Qué descubriste de tu cliente sobre su toma de decisión?

A - _____

B - _____

C - _____

---➔ **6. Hábitos de compra**

¿Qué descubriste de tu cliente sobre sus hábitos de compra?

A - _____

B - _____

C - _____

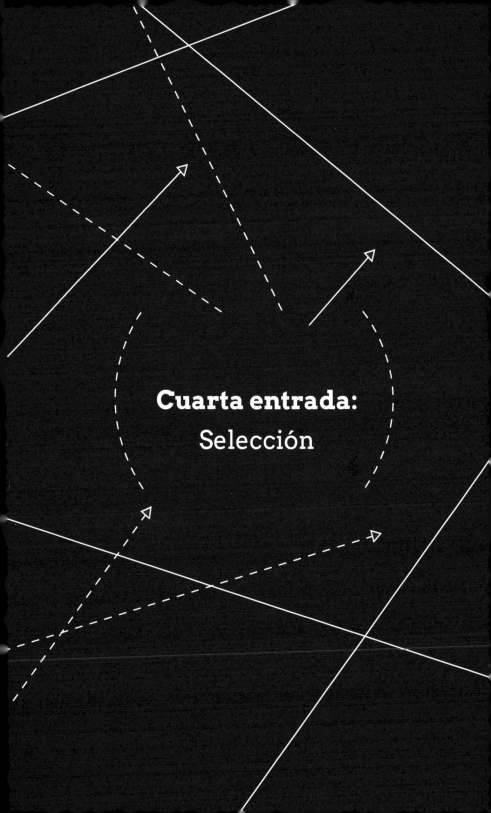

Cuarta entrada:
Selección

La *Selección* es la entrada en la que tu cliente elige su producto por un determinado criterio o motivo que satisface sus necesidades. Es como estar lanzando en la cuarta entrada frente al bateador más consistente y disciplinado del otro equipo. Ahora debes confiar en tu receptor que hará la selección correcta de tus lanzamientos. Primer lanzamiento, *strike;* segundo lanzamiento, *strike;* tercer lanzamiento, *strike* para un *out.* Todo bateador prefiere una ubicación o lanzamiento para conectar al igual que nuestros clientes prefieren hacer la selección de su producto ideal. Siempre he disfrutado llegar a la *Entrada de Selección* porque significa que gané la confianza del cliente con acciones genuinas y ve el valor en mí como profesional y asesor en su proceso de compra. Además, llegar exitosamente a la *Entrada de Selección* implica el haber encontrado el producto que mejor sirve a mi cliente. Envía un mensaje poderoso entre la relación cliente y vendedor de que ambos van por buen camino en el proceso de ventas.

Esta entrada resulta muy beneficiosa para el proceso de ventas, gracias al trabajo de descubrimiento de necesidades del cliente realizado en la entrada anterior. Una vez seleccionado el producto, es importante hacer algunas preguntas de validación, permitir que mi cliente lo verbalice y nunca suponer. **Fallar en identificar el producto idóneo significa**

un trabajo ineficiente. He evaluado procesos de selección de colegas en los que han tenido que comenzar nuevamente los pasos de ventas –luego de horas dedicadas a sus clientes– solo porque se realizó una pobre selección. Para traerlo a un contexto más amplio, imagina esta ecuación matemática de tiempo perdido a causa de una pobre selección: 1 hora diaria **x** 5 días **=** 5 horas **x** 4 semanas **=** 20 horas **x** 12 meses **=** 240 horas perdidas en un año. Esto es en solo una entrada del proceso de ventas. Ahora imagina si hay varias áreas deficientes que te hacen perder tiempo. He conocido colegas que han perdido hasta 3 meses del año a causa de procesos de ventas deficientes y ni siquiera lo sabían hasta que hicieron el ejercicio conmigo como *coach*. Esto significa una total pérdida de tiempo. Te recuerdo que, en nuestra vida personal y profesional, más allá de pagar con dinero, pagamos con tiempo que no se recupera.

Las siguientes preguntas de validación para seleccionar el producto correcto, te ayudarán a reforzar tus destrezas de selección y a mejorar tu eficiencia.

- Gustos: ¿Gusta de colores claros u oscuros?
- Motivaciones: ¿Qué le brinda la marca y el modelo?, ¿comodidad, seguridad, estilo, desempeño, rendimiento o garantía?

Ahora bien, existen clientes que llegan decididos de lo que quieren, ya sea porque son clientes recurrentes del producto o marca o porque estudiaron muy bien sus especificaciones a través de la Internet u otro medio. Me defino como uno de estos clientes recurrentes, ya que regreso a comprar marcas como Apple®, Brooks Brothers®, Adidas®, Clarks®, Calvin Klein® porque confío en ellas, por el buen servicio y calidad, alegría y satisfacción que me brindan. Elogia a este cliente que ha realizado su tarea de aprender para que aproveches su conocimiento y verás que sus destrezas se convertirán en tu mejor aliado para tomar una decisión bien informada.

Te reto a que selecciones con confianza.

¡Sácale partido al **Momento del Hit Impulsador!:** **Cuando identificas el producto que mejor sirve a tu cliente** en el proceso de Selección.

Fogueo:
Tu turno al bate

- - - ➙ **1.** ¿Cuáles son los gustos de tu cliente?

      A - _____

      B - _____

      C - _____

- - - ➙ **2.** ¿Cuáles son las motivaciones de tu cliente?

      A - _____

      B - _____

      C - _____

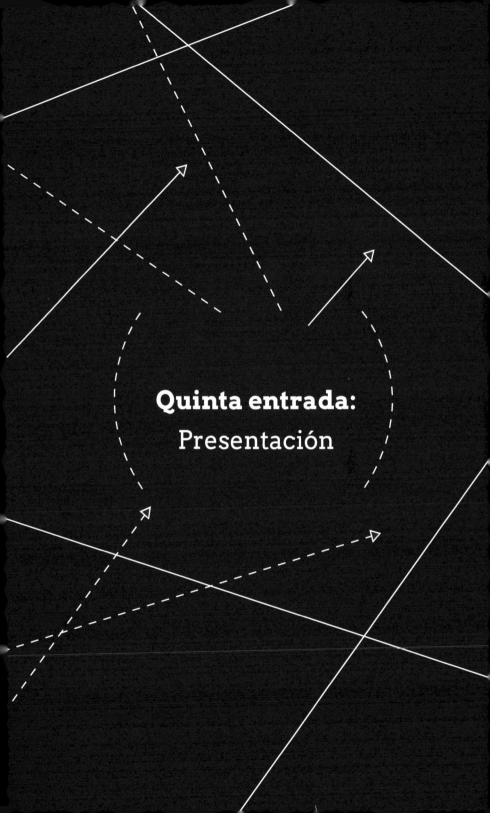

Quinta entrada:

Presentación

Estas de corredor en primera base en la quinta entrada y, como buen jugador, recoges de tu entrenador la señal de robar base. Te despegas de la almohadilla, el lanzador te mira para detener tu salida, se gira mientras levanta su pierna para hacer el envío hacia su receptor. Ya habías emprendido tu carrera al mínimo movimiento y tu salida tuvo un buen brinco. El receptor toma la pelota, hace la transición a su mano de tiro, la lanza y estás deslizándote cuando la atrapa la segunda base, aplica el toque en tu pierna y el árbitro canta *¡Quieto!* En esta entrada es cuando presentas tus estrategias, características y fortalezas de tu equipo. Presentas tu juego valioso con tu velocidad, poder de bateo y habilidades de tu defensa que benefician tu juego.

¡Felicidades, estás a mitad del juego gracias a tu buen servicio, conexión y destrezas de descubrimiento y selección! *¡Llegaste a la Entrada de Presentación!* En esta entrada demuestras las características, ventajas y beneficios que obtiene el cliente de tu producto o servicio a través de una presentación ordenada. ¿Qué es el artículo presentado?, ¿qué hace? y, finalmente, ¿cuáles son sus beneficios? La proposición de valor es el valor percibido por tu cliente sobre el producto, que puede aumentar según cómo te presentes profesionalmente, por el servicio que le brindaste durante el proceso de ventas y según tu presentación del producto. Siempre están presentes los elementos técnicos de tu conocimiento del producto, pero estos los elevarás a un nivel de consciencia mayor a través de cómo beneficiará la calidad de vida de tu cliente. La presentación es, precisamente, la respuesta al *¿qué hay para mí?* de casi todos los clientes. Cuando un cliente hace esta pregunta, está indicando que no tiene claro o que le falta información de cómo el producto le puede beneficiar. En esta entrada, explicas claramente el producto y, si el cliente comprende su valor y los beneficios que le brinda, ¡lograste quedarte en el juego!

Utiliza este concepto de liderazgo en tu presentación: *«No exijas como cliente lo que no ofreces como vendedor»*. Es un concepto sencillo pero contundente porque **enfatiza la importancia de trabajar hacia lo que necesita y busca el cliente de un producto, más allá de**

lo que quieras venderle o te resulte más conveniente. También me recuerda que cuando me encuentro fuera de mi establecimiento de venta, me convierto en un cliente que busca el mismo respeto, atenciones y servicio que ambos merecemos.

En cada presentación, resulta efectivo utilizar conceptos de liderazgo que están muy alineados a las ventas y al servicio, como lo son:

- La empatía, que te permite ponerte del mismo lado del cliente.
- La necesidad, para determinar los factores de motivación que harán que el cliente vea el valor del producto.
- La importancia o el peso que el cliente le asigne al producto y sus beneficios.
- La confianza, que desarrolla el cliente hacia el vendedor y hacia el producto, que va despejando dudas para abrir paso a la toma de decisiones.

Un ejemplo de cómo realizo una presentación enfocada en las características, ventajas y beneficios, tanto de productos tangibles e intangibles, es de la siguiente manera:

Intangible:

- **Características:** ¿Qué es? Seguro médico
- **Ventajas:** ¿Qué hace? Protege ante situaciones médicas inesperadas.
- **Beneficios:** ¿Cómo beneficia? Economiza dinero y mantiene mi salud.

Tangible:

- **Características:** ¿Qué es? Sistema de frenos *anti-lock* (ABS)
- **Ventajas:** ¿Qué hace? Sistema de seguridad antiresbalante que previene el bloqueo de los frenos para mantener la estabilidad del vehículo al frenar.

- **Beneficios:** ¿Cómo beneficia? Te protege evitando accidentes, mantiene su integridad física y ahorra dinero en reparaciones causadas por accidentes.

Te reto a que presentes tu producto enfocado en los beneficios que obtiene el cliente.

¡Sácale partido al **Momento del Hit Impulsador!***:* Cuando aumentas la proposición de valor al demostrar las especificaciones del producto enfocadas a las necesidades del cliente: **cómo le aporta a su seguridad, economía, desempeño, comodidad y garantía** durante la Presentación de características (¿Qué es?), ventajas (¿Qué hace?) y beneficios (¿Cómo se beneficia?).

Fogueo:
Tu turno al bate

Escoge un producto que representas y completa el ejercicio.

- - - → **1.** Describe cuál es la característica.

      A - _____

      B - _____

- - - → **2.** Describe cuál es la ventaja.

      A - _____

      B - _____

- - - → **3.** Describe cuál es el beneficio.

      A - _____

      B - _____

Vilato Marrero

$\sqrt{}$92

Sexta entrada:
Prueba

Estás al bate en la sexta entrada, juego empate a una carrera, no hay *outs* y tienes hombre en primera base. El lanzador envía la pelota y estás en posición de toque de sacrificio hacia primera base, es exitoso y tu compañero adelanta a segunda. Ahora hay un solo *out*, el próximo bateador envía un cañonazo que se extiende hacia el jardín izquierdo para un doble y tu compañero anota desde la segunda base. Esta prueba es parte de los fundamentos del béisbol. Son parte del *juego corto* que permite amasar carreras que ayuden a ganar el juego en la novena entrada.

Ya estás por la mitad de tu juego de ventas. Acción tras acción, carrera tras carrera junto a la disciplina y el trabajo en equipo es como se ganan los juegos y también como se logran ventas. **Recuerda que no siempre pegarás un cuadrangular para ganar el juego, pero las pequeñas acciones de cada entrada son las que te acercarán cada vez más a la victoria.** Es cuando das prueba al equipo contrario sobre tus capacidades como jugador y las del equipo. Cuando nos alejamos de los fundamentos de ventas también nos alejamos de las mayores probabilidades de venta. Enfócate, sé resiliente y aplica los fundamentos del proceso que solo quedan pocas entradas para que salgas victorioso. La *Prueba* es una entrada sumamente importante porque brinda la oportunidad de activar los sentidos del cliente y pasar del estado racional al emocional.

Todo cliente se merece hacer una prueba del producto, ya sea física o virtual, a través de una muestra o, en caso de los negocios en línea, por medio de testimonios, fotos y vídeos para determinar si es de su agrado. **Trabaja para lograr la prueba al 100% porque le estarás permitiendo al cliente tomar una decisión basada en su experiencia con el producto.** Cuando realizaba una prueba de manejo de un vehículo, en vez de preguntarle: *«¿Quiere una prueba de manejo?»,* le decía directamente: *«Adelante por aquí»* y de esa forma evitaba que me rechazaran la oferta. Fue una frase genuina que me ayudó a lograr resultados de pruebas en un 95%. Me ayudó a ser proactivo para lograr enriquecer la experiencia de mi cliente e invitarlo a medir o probar el producto, razón por la cual mis **altos números en ventas estaban relacionados al alto porcentaje de pruebas realizadas.** A mayor cantidad de pruebas, mayor cantidad de ventas. Cada semana monitoreaba estos resultados y, al finalizar el mes, con una simple fórmula que consiste en dividir el número total de pruebas entre todos los clientes atendidos, obtenía el porcentaje de los resultados. En esta entrada, acostumbro a hacerle al cliente una pregunta de validación que me ayuda a comprender si estoy alineado con él: *«¿Es este el producto que llena sus necesidades?»*. Cuando salgo de compras y *me pongo en los zapatos del cliente* como consumidor, me gusta tocar, oler, escuchar, sentir o probar el producto porque me permite tomar una decisión basada en la información que me da la experiencia de probarlo.

En una ocasión, fui testigo de una venta de un auto Suzuki SX4 que realizó un compañero de trabajo y que fue devuelto al día siguiente. Todo se redujo a que simplemente no realizó la prueba de manejo. **Saltar esta entrada evitó que se detectara que el cliente no estaba totalmente a gusto con el modelo comprado. Estoy seguro de que la prueba hubiese ayudado a mitigar con tiempo la insatisfacción del cliente y a realizar un rescate del negocio con otro modelo de su agrado.** Lo más revelador fue que mi compañero no tuvo una segunda oportunidad, en cambio, el cliente terminó comprando un modelo distinto de la misma marca en otro establecimiento. ¿La diferencia? La prueba del producto, en este caso, de manejo. Recuerda este pensamiento: *Otros estarán dispuestos a realizar lo que tú no estás dispuesto a hacer.* Si lo llevamos un poco más allá, ¿cuán importante para ti es realizar la venta? Te recomiendo a que no caigas en la trampa de urgencia que confunde el servicio diligente con saltar entradas del proceso para ganar tiempo. **El ahorrar tiempo por no hacer una prueba de manejo no es sinónimo de un servicio diligente.** En todo caso, te arriesgas a perder la venta.

Siempre que hago una prueba, observo cuáles son los detalles que mi cliente les da más importancia para poderle contestar cualquier duda o pregunta. Y aunque en esta entrada realizo preguntas para validar gustos, preferencias y grado de satisfacción, **permito que el cliente disfrute el producto y experimente el sentido de pertenencia.** Creo el espacio para que el cliente se visualice en sus entornos o círculos familiares, sociales y profesionales en posesión del producto. Nunca se debe obviar la prueba porque los seres humanos pensamos en imágenes.

En una ocasión, fui a comprar un traje en la tienda *Brooks Brothers®*. Al momento de probármelo, el vendedor me sugiere: *«¿Qué tal si le hago una combinación que incluya un traje, camisa, corbata y zapatos?»*. Acepté e inmediatamente que me veo en el espejo con toda la combinación perfectamente entallada, me visualicé en uno de mis adiestramientos y le dije al vendedor que hiciéramos el negocio. Esto no es casualidad y, como les comenté anteriormente, sucede porque lo probé, me lo medí, toqué el producto, jugué con él y todo esto, combinado a la propuesta del vendedor, aumentó mi precepción del valor del producto y mi deseo de adquirirlo. El proceso de visualización en mi entorno profesional ayudó a que tomara una decisión orientada e influenciada por pensamientos en imágenes.

> Te reto a que ofrezcas
> pruebas de tu producto; en
> definitiva, esta entrada fortalecerá
> las probabilidades de venta.

¡Sácale partido al *Momento del Hit Impulsador!:* Cuando haces que tu cliente haga una **prueba del producto** y logras que se visualice en posesión de este. **Todo cliente merece y debe tener la oportunidad de hacer una prueba del producto** para que pueda tomar una mejor decisión.

Fogueo:
Tu turno al bate

- - - ➔ **1.** Escribe tres frases que le dirás a tu cliente para que pruebe el producto.

    A - _____

    B - _____

    C- _____

- - - ➔ **2.** Escribe tres preguntas que validen que el cliente seleccionó el producto que necesita.

    A - _____

    B - _____

    C - _____

- - - ➤ **3.** Escribe tres ejemplos de cómo el cliente se pudiera visualizar con el uso del producto que le estás vendiendo.

A - _____

B - _____

C - _____

- - - ➤ **4.** Mide tu porcentaje de pruebas (total de pruebas / total de clientes = % de pruebas)

- 90%-100% - Excelente

- 80-89% - Bueno

- 70%-79% - Pésimo

A - _____

B - _____

C - _____

Séptima entrada:

Negociación

Estás en la séptima entrada, el entrenador de lanzadores visita el montículo y se reúne con el lanzador y los jugadores del cuadro interior. Todos se tapan la boca con el guante para evitar que el oponente robe su jugada acordada. Estos están negociando enfrentar solo un bateador, conocer la potencia del lanzador, preparar la estrategia de lanzamiento para forzar una jugada o retirarlo por otro lanzador.

¡Bienvenido a la Entrada de la Negociación! Te encuentras más cerca de ganar la venta.

107

Negociación es el proceso de acordar los detalles económicos del producto seleccionado que pueden incluir: precio, término, pronto, pago, porciento de interés, método de pago, producto a cambiar, entre otros.

¿Deseas aumentar tus destrezas de negociación? Luego de haber realizado un sinnúmero de negociaciones, estoy convencido de que la estrategia ganadora es el ganar-ganar-ganar. Lo repito tres veces porque **la fórmula saludable de hacer negocios es cuando gana el cliente, gana el vendedor y gana la empresa. Al actuar con transparencia elevas tu proposición de valor, aumentas la confianza y todos ganan.** Antes de comenzar una negociación, prepárate y establece un plan justo del negocio que deseas presentar. Justifica el valor del producto comunicando sus atributos y, en una hoja de trabajo, explica la ganancia para el cliente. Luego presenta los números a negociar o la oferta. Este plan se aleja del egoísmo y permite encontrar puntos en común que ayuden a presentar un negocio viable para todas las partes.

Recuerdo una *entrada de negociación* con un cliente llamado Luis García, que compraba una Suzuki Grand Vitara. Luego de una hora de negociación, me dijo: *«Has sido claro conmigo y me convenciste con tu explicación, hagamos el negocio».* He realizado negociaciones de ventas tanto al detal como corporativas, que requieren mayor destreza y tiempo porque son más complejas y representan cientos de miles de dólares. En ambas, utilizo estrategias para captar la atención como, por ejemplo:

- Agradece a tu cliente por la oportunidad.
- Invita a tomar asiento a todos en un escritorio cómodo.
- Repasa algunos detalles del producto enfocados en beneficio para tu cliente.

- Presenta tu hoja de trabajo o propuesta con los detalles del negocio que deseas acordar.
- Utiliza bolígrafo para señalar, captar la atención de tu comprador y lucir como todo un profesional.
- Aclara los términos: ¿Tiene alguna duda o pregunta? Esto es clave para conocer si el cliente está enfocado en la negociación. Esta estrategia te aleja de hacer suposiciones para darle paso a lo que genuinamente siente el cliente, piensa o tiene que expresar.
- Logra acuerdos en común: Acuerdos con el cliente, que él se sienta satisfecho, que representen los mejores términos para ambas partes y que constituyan un *ganar-ganar-ganar*. Estos se logran al hacer la presentación de los términos.
- Ofrece refrigerios.

Recuerdo una negociación que me resultó muy mal cuando comenzaba en la industria de autos, simplemente, porque no conocía el proceso de ventas. Sucedió cuando llegué a la mesa de negociación con el cliente y le dije: *«Bueno, señor Cliente, vamos a hacer negocios, ¿correcto?»*. Acto seguido, el cliente me dijo: *«Vas muy rápido... no hemos discutido nada de acuerdos y ya me estás solicitando hacer negocios. Quiero ver los números»*. El resultado: vio los números, se fue y, luego de pasado unos días, me confesó su molestia: *«Ustedes, los vendedores, siempre presionando y queriendo ir más rápido de lo debido»*. Este cliente y yo no llegamos a un acuerdo. Aprendí mucho de esta experiencia porque hasta ese momento el proceso estaba fluyendo positivamente y, en un instante, todo cambió y no se concretó la venta. Este error de novatos se corrige en la entrada de negociación, cuando se discuten los términos de la venta y se llegan a acuerdos con el cliente. Errar es de humanos, pero mejorar a través de los errores trae mayor inteligencia y experiencia a la negociación y a tu persona y, al final, te ayuda a ganar.

Te reto a que te conviertas en un experto negociador.

¡Sácale partido al **Momento del Hit Impulsador!:** Cuando presentas a tu cliente *los términos económicos que se convertirán en acuerdos durante la Entrada de Negociación.* Sin obviar que **para lograr un acuerdo exitoso** has añadido una justificación de valor y, cuando ha sido necesario, has logrado cambiar su percepción de valor. Lo alcanzas cuando escribes primero en la hoja de trabajo todas las características, ventajas y beneficios que tu cliente obtendrá del producto. El cliente expresa estar de acuerdo por ser una propuesta justa del negocio.

Fogueo:
Tu turno al bate

- - - ➤ **1.** Escribe cuál será tu estrategia de ganar, ganar, ganar. Por ejemplo: Presentar una oferta justa, unos términos adecuados, aceptar un artículo a cambio del producto nuevo, presentar las garantías, el ahorro, etcétera.

A - _____

B - _____

- - - ➤ **2.** Escribe los detalles del acuerdo que presentarás a tu cliente.

A - _____

B - _____

- - - → **3.** ¿Qué estrategias de negociación (precio, pronto, pago, término, tasa de interés, artículo para cambiar) vas a integrar para que sea el mejor acuerdo para todos? Recuerda que las estrategias están alineadas al enfoque del cliente.

A - _____

B - _____

Octava entrada:
Cierre

Te encuentras en la parte baja de la novena entrada, los fanáticos gritan frenéticamente, el juego está empatado, tienes hombre en segunda base y tú estás al bate. ¿Eres el *clutch hitter* que conecta el batazo decisivo *o te ponchas sin hacer swing*? ¿Conectarás el sencillo de oro para ganar? Una escena como esta es lo que nos sucede cuando acordamos la venta. ¡Ahora vamos a hacer negocio y pides la venta! Esta es la entrada en que la venta se materializa y es el momento decisivo, ya que conviertes a un comprador potencial en cliente.

Aunque la venta se materialice en esta entrada, se logra por las buenas prácticas y destrezas que has presentado a través de todas las entradas anteriores.

¿Eres el vendedor oportuno que en momentos decisivos logra el cierre de la venta? Me refiero a que durante todo el proceso elevaste tu proposición de valor y es el tiempo de obtener los frutos por tu buen trabajo.

Llegamos al cierre y aunque todavía no vamos a celebrar, estamos a una carrera para completar la venta. Acaso, ¿no es esta entrada una llena de emociones? Sigue estos consejos para que conectes el *sencillo de oro* y traigas al cliente al plato para ganar el juego. Aprovecha esta ventana de oportunidad de corto tiempo para que el cliente se decida por tu producto. Siempre que estés en esta *Entrada de Cierre*, brinda refuerzo positivo sobre la decisión que está tomando el cliente. Esto tiene una razón de ser y es que existen dos tipos de clientes: el que es decidido y realizará la compra por el valor que le brinda el producto; y el que necesita reforzar o validar su decisión porque, aunque esté convencido, pasa por un proceso de indecisión que le inmoviliza.

Una vez le pedí a un concesionario que representara mi línea de productos de protección para autos (garantías, etcétera). En el proceso, le había reforzado positivamente las ventajas y beneficios sobre márgenes de ganancia, desarrollo a través de adiestramientos y el tener una compañía que le ofrecía toda la gama de productos. Esto le gustó y aceptó el acuerdo, pero, sorprendentemente, en menos de 3 minutos estuvo a punto de retirarse del negocio. ¿Notas algo contradictorio en esta historia? Me explico: ¿Cómo es posible que un cliente –que puede reconocer en el producto una mayor ganancia para su negocio y mejor servicio– esté a punto de retirarse luego de que había aceptado? La razón es que las decisiones importantes provocan un estado de indecisión que podría afectar la determinación de compra. En esta entrada utiliza tu intuición, el sentido auditivo y la observación para comprender las señales de cierre que el cliente te brinda.

A través de la neurolingüística, he aprendido que, antes de que mi cliente exprese su decisión de compra, envía unas señales muy sutiles. Solo un vendedor adiestrado o altamente intuitivo detecta estas señales corporales. Hay señales de cierre que son claras. Las palabras y acciones del cliente siempre son como un mapa y brújula de la ruta que desea tomar. También es como tener la clave del examen a través de sus contestaciones, pero el valor de estas señales está en poderlas distinguir.

Distingue las señales en tu cliente:

- Su sonrisa, seriedad, el asentir, la posición de las manos: cuando están encima de la mesa, hay disposición; cuando están debajo, es indecisión.
- Todo lo que es cruzado o entrelazado es indecisión o negativo.
- Cuando toca sus dedos con ambas manos es indicio de seguridad.
- Cuando entrelaza las manos o los pies es señal de frustración o inseguridad.
- Cuando estrega las manos significa inseguridad o nerviosismo.

He observado cuidadosamente la fuerza de ventas para evaluar sus destrezas y capacidades de cierre. Existen muchos vendedores que ofrecen un servicio de primera hasta que llegan a la *Séptima Entrada de la Negociación,* o cuando llegan a la *Octava Entrada del Cierre,* entonces, disminuyen su efectividad y necesitan ayuda o realizar una *entrega al gerente,* lo cual significa que entra un gerente para ayudar en el cierre por falta de control o inhabilidad del vendedor para finalizar la venta. Esto sucede por distintas razones, pero la más resonante es por ser la primera vez que se le pide dinero al cliente y a muchos les produce un miedo que paraliza. Leíste bien, *«pedir dinero al cliente»* y es porque le están pidiendo que haga negocio con ellos. El temor está en la posibilidad de recibir un *no,* cuando se pide la venta. La otra causa es el miedo al rechazo, el ser humano tiene un instinto autoprotector que prefiere no ser herido con un *no.* Es un comportamiento sumamente psicológico que nos juega en contra si no estamos consciente de qué está sucediendo. **Reta tu zona de protección y asume proactivamente que tu cliente tiene la capacidad de compra, tiene el dinero y hará negocio contigo si das un**

buen servicio, te conviertes en su asesor y pides la venta con confianza.

Una estrategia genuina que me ha brindado enormes resultados es utilizar esta frase de cierre: *«Este es el producto o servicio ideal que satisface todas las necesidades de su negocio/ persona, ¿correcto?».* Si la contestación es sí, ¡PIDE LA VENTA!: *«Entonces firmamos el acuerdo ahora mismo».* Procede a firmar.

Cabe señalar que es importante dejar de hablar y comenzar a firmar. He observado cierres en los que **el cliente ya ha aceptado los acuerdos y el vendedor continúa hablando, arriesgándose a sobrevender o en buen castellano, a** *matar la venta* con información que no es relevante en ese instante. **Existe una ventana de tiempo mínimo en la que debes finalizar el cierre o te expones a perder la venta.**

Otro punto importante es que cuando hablo de *pedir la venta*, me refiero a hacer una pregunta sencilla, inconfundible y que no deje lugar a dudas de que le estás pidiendo que haga el acuerdo contigo en ese momento preciso y no luego. Esta pregunta tiene como objetivo lograr una de dos contestaciones: *sí* o *no*. Celebra los *sí* y también siéntete cómodo con los *no*, evita el pánico. Si la contestación es *no*, te invito a que lo veas como una oportunidad y no como un rechazo. Un *no* puede significar estos mensajes de parte del cliente:

- «Aún no confío en ti».
- «Aún no confío en el producto».
- «Aún tu persona no me ha convencido».
- «Aún tu producto no me ha convencido de que soluciona mis problemas».

Más adelante, explicaré la Estructura de Manejo de Objeciones para que te conviertas en un experto en conversión a *sí* rotundos.

Analiza lo siguiente para que pidas la venta con total seguridad y confianza:

- «Nadie te dará lo que no pides».
- «Debes actuar para tener logros».

La historia que te contaré es más frecuente de lo que imaginas y describe la inhabilidad de muchos en pedir la venta. Imagina que estás en la escuela secundaria. Estás en el banquillo del patio en la hora del recreo. Miras a la chica más linda que jamás hayas visto. Ella piensa que eres el chico más guapo que jamás haya visto. La atracción es mutua y todo va fenomenal excepto por un pequeño detalle. Sientes miedo o timidez y no te atreves a invitarla a salir. Sin embargo, uno de tus compañeros, con menos recursos y peores probabilidades, se atrevió a invitarla a salir. Se hicieron novios y estuvieron juntos por mucho tiempo. Luego de 25 años sin verse, se reencuentran y dentro de la alegría que sienten, él comenta: «*¿Sabes qué? Tú eras la chica que me gustaba en secundaria*». Ella responde: «*¿Sabes qué? Tú eras el chico que me gustaba, pero nunca me invitaste a salir*». **Si no pides lo que deseas, no te lo darán.** Nuestra mente es tan maravillosa que nos protege de rechazos o cualquier situación que produzca dolor.

> Todos cargamos con la semilla del miedo y es cuestión de estar consciente para que podamos retarlo, pedir la venta y lograr el éxito que merecemos.

Puede ser que luego de realizar magistralmente todas estas entradas, no llegues a finalizar el cierre. Sin embargo, si quieres tener un segundo turno al bate, lo que significa que el cliente regrese a tu establecimiento, necesitas dejar una buena impresión. Lo importante es identificar si este cliente está activo o interesado en la compra y, luego, continuar el seguimiento para que regrese a finalizar la venta.

Es como estar al bate con dos *strikes,* hacer *swing* y tocar la bola de *foul* para estar vivo en el turno y tener otra oportunidad de poder conectar ese gran batazo.

Te reto a pedir la venta de una manera clara y sin miedo. Al no hacerlo, te expones a dejar el proceso en uno de servicio al cliente sin cierres, pocas ventas y peor aún, ingresos mínimos que te dejan viviendo mensualmente de cheque a cheque.

¿Quieres estar pela'o?
¡Logra el acuerdo hoy mismo!
¡Tírate de pecho y pide la venta!

¡Sácale partido al **Momento del Hit Impulsador!:** Cuando llegas al Cierre que **convierte el cliente potencial en un comprador satisfecho** con tu producto. Es cuando pides la venta que significa solicitarle al cliente hacer el negocio ahora y no luego.

127

Fogueo:
Tu turno al bate

- - - → **1.** Escribe tres frases de refuerzo positivo.

A - _____

B - _____

C- _____

- - - → **2.** Escribe tres preguntas para pedir la venta.

A - _____

B - _____

C - _____

- - - → **3.** Escribe tres significados del *no* de un cliente.

A - _____

B - _____

C - _____

- - - → **4.** Escribe tres maneras en que vencerás el miedo cuando pidas la venta.

A - _____

B - _____

C - _____

Vilato Marrero

√130

Novena entrada:
Entrega

¡Felicidades! La *Novena Entrada* es sinónimo de celebración para tu cliente y para ti. Significa que lograste la venta y que realizaste con éxito las entradas anteriores. Es como cuando sabes que tienes el juego ganado por muchas carreras y solo requieres jugar la última entrada con fundamentos básicos como lo es una buena defensa, lanzar *strikes* y lograr los últimos tres *outs* para ganar el juego. A través de todas las entradas lograste conectar lineazos, dobletes y *tripletazos* como todo un cuarto bate para impulsar carreras y ser vencedor.

La *Novena Entrada* es un momento emocionante para tu cliente que adquiere y le entregas un producto de valor para su vida.

Visualiza ahora que eres el cliente y recuerda la última compra que hiciste, ¿cómo fuiste atendido?, ¿cómo fue tu proceso de negociación?, ¿puedes describir la emoción que sentiste cuando te hicieron entrega del producto que deseabas? Este es un ejercicio útil que todo vendedor debe realizar para comprender que no es otra entrega más para tu cuota mensual. **Debes dejar una última impresión positiva que provoque que tu cliente la comparta con las personas que le rodean.** Nunca olvides que somos vendedores en nuestra área de ventas, sin embargo, nos convertimos en clientes en espera de buen servicio cuando estamos en la búsqueda de bienes o servicios. Cuando estás de compras, no exijas el mejor servicio como cliente cuando no lo brindas como vendedor a los compradores que te ofrecen solo una oportunidad.

Trabajaste enfocado en brindar el mejor servicio y demostraste tu valor profesional. Eso es lo que hace un toletero, un verdadero bateador y *metepalos* de las ventas: servir, beneficiar y aumentar la experiencia positiva del cliente. Es la experiencia inolvidable de compra que regalaste a tu cliente. Es como haber llevado corredores en todas las bases, anotar y ganar dramáticamente en la última entrada del juego.

Algunas empresas realizan una ceremonia de entrega. El proceso de entrega implica emociones como también impactos inmediatos y futuros. Emociones porque la entrega es una celebración que tiene muchos significados como, por ejemplo: es la satisfacción que siente el cliente al adquirir un producto luego de un gran esfuerzo y sacrificio, que resolverá su necesidad. Es la emoción de cambiar un producto antiguo a uno más avanzado. Es el estilo que mejor le luce según sus gustos y preferencias. Es el disfrute por la conveniencia de una buena garantía.

Siempre que realizo una entrega, mi atención está en aclarar dudas y preguntas del funcionamiento, verifico el estado y limpieza del producto que estoy entregando, explico sobre el manual del fabricante, brindo a mi cliente los números telefónicos a llamar en caso de servicio, garantía o emergencia. Esta entrada es muy importante para la futura relación ya que, a través de un endoso saludable, el departamento de servicio mantendrá un cliente satisfecho cuando el producto necesite reparación. La estrategia de aumentar la proposición de valor del departamento de servicio es presentar al personal del departamento incluyendo al gerente. Esta acción me permite acercar al cliente con el departamento y que sienta la seguridad de tener un servicio de calidad y apoyo cuando más lo necesita. Piensa que es como llevar corredores en todas las bases para luego anotar y ganar el juego. Te explico con más detalles lo que significa esta analogía. Poco tiempo después de la entrega, tu cliente compartirá entusiasmado con sus círculos íntimos, familiar, social y profesional para contarles lo bien que le funciona el producto y, mejor aún, el gran servicio que le brindaste. Este es un momento emocionalmente positivo para el cliente, por tal razón, las probabilidades de que seas recomendado son excepcionalmente altas. Una acción que genera un impacto multiplicador, como estar al bate, tener las bases llenas y conectar un doble que impulse las tres carreras y que ayuda tus números individuales y los colectivos. El efecto que creas en tu fanaticada es una experiencia única que le hace seguirte como jugador por lo que le hiciste sentir.

> Te reto a que realices entregas memorables para tu cliente, celebren juntos este momento especial; y, también, te reto a que cultives fanáticos de por vida, de ellos provendrán los mejores referidos.

¡Sácale partido al **Momento del Hit Impulsador!:** Cuando llegas a la celebración de la entrega es un logro para el vendedor y un **evento memorable para el cliente. Observas cómo se emociona al hacer suyo el producto.** Se siente poderoso, vencedor y orgulloso por el logro que alcanzó con su compra. Es como haber ganado el juego y celebrar de forma contagiosa con brincos, saludos, risas, abrazos y grandes dosis de alegría en medio del estadio frente a miles de fanáticos.

Fogueo:
Tu turno al bate

- - - ➔ **1.** ¿Cuál es el mayor regalo de ti para tu cliente?

  A - _____

  B - _____

  C- _____

- - - ➔ **2.** Enumera tres acciones que harás durante el proceso de entrega.

  A - _____

  B - _____

  C - _____

- - - ➤ **3.** Enumera tres emociones que provocan la celebración o ceremonia de entrega en tu cliente.

A - _____

B - _____

C - _____

- - - ➤ **4.** Visualiza y enumera tres acciones: ¿qué hará o dirá tu cliente cuando muestre el producto a su círculo íntimo, familiar, social y profesional?

A - _____

B - _____

C - _____

- - - ➤ **5.** Reflexiona en todo el proceso de ventas: ¿Cuáles fueron los *Momentos del Hit Impulsador* más gratificantes para ti y tu cliente?

A - _____

B - _____

C - _____

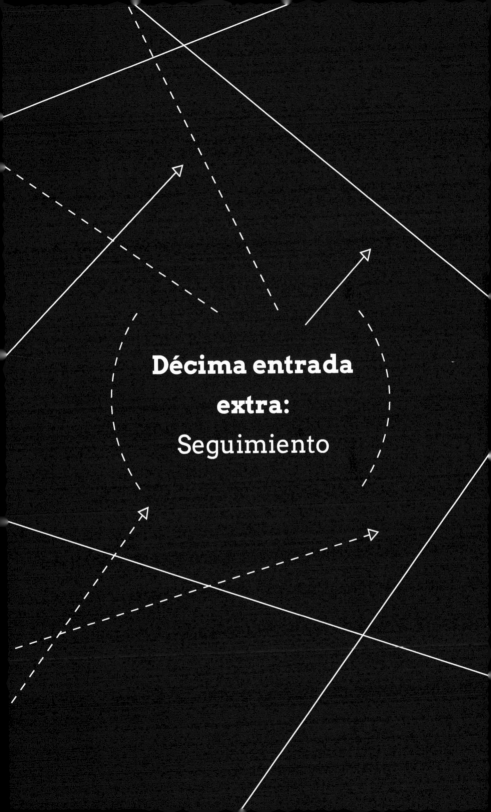

Décima entrada extra:

Seguimiento

Lograste la venta, ¡te felicito! Sin embargo, aún no concluimos... falta la penúltima entrada que hará multiplicar tu esfuerzo como lo hace un atleta de alto rendimiento que se prepara para lograr su mejor desempeño, ser un ganador y regalar experiencias a los fanáticos. Esta es una gran responsabilidad, ya que en las ventas, al igual que en el deporte, lograr alcanzar un nivel de desempeño constante y rebasarlo es lo que te define. El *Seguimiento* es la acción de observación y cuidado para conocer el funcionamiento del producto que ha comprado tu cliente. Su propósito es brindar garantía y servicio, ocuparte de que el cliente se sienta muy satisfecho y, a su vez, le comunica a tu cliente lo importante que es él para ti. Esta *Entrada de Seguimiento* termina cultivando la conexión que estableciste con tu cliente durante la *Entrada de Bienvenida*. Tienes la oportunidad de comenzar nuevas relaciones si mantienes contacto en esta entrada final y crear otras posibilidades de hacer negocios mediante personas referidas por tu cliente. Es como tener más turnos al bate y en vez de lograr cuatro por juego, extenderlos a cinco. Cada vez que apliques *la ley de los grandes números* (números pequeños constantes eventualmente logran números grandes), piensa que estás maximizando las oportunidades y tu desempeño. Es cambiar la mentalidad minimalista a una más expansiva. Recuerda que querer hacerlo todo y no incluir a otras personas, te brindará resultados limitados a diferencia de realizarlo en equipo y ayuda de otros que están agradecidos de tu servicio.

El beneficio que logras es ganar referidos, convertirlo en un cliente de por vida que siempre te procura. Comparto contigo la fórmula básica que utilizo para contactar a mis clientes y que me brinda enormes resultados.

1. Llamada telefónica al tercer día
2. Llamada al mes
3. Acciones trimestrales combinadas entre llamadas telefónicas, texto, correo electrónico, carta promocional, felicitaciones de actividades de cumpleaños, aniversarios u otra que tengas identificada.

Mi experiencia del primer contacto al tercer día ha sido la más exitosa para solicitar referidos porque, como expliqué en la *Novena Entrada de Entrega,* el cliente ya ha compartido su experiencia de compra y el producto con sus grupos familiares, sociales y profesionales. Ha realizado acciones de ventas para ti: al compartir su experiencia, al mostrarle a otras personas su nueva adquisición y hasta fotografiarla para exhibirla a través de las redes sociales. Todo eso despierta el interés, necesidad o deseo de ese producto en otras personas. Los clientes no están solos y algunos tienen un radio de influencia extenso que podemos capitalizar para ayudar a otras personas a que vivan la misma experiencia y multiplicar nuestras oportunidades. Para solicitar referidos, solo tienes que preguntar: «*Sr. Cliente, ¿conoce algún amigo, familiar o empresa que me pueda referir para ayudarle a vivir la misma experiencia, servicio o desarrollo profesional?*».

La enorme oportunidad de los referidos o de los clientes recurrentes es que ya vienen más confiados en el proceso por la experiencia de la persona que los refiere o por su propia experiencia y, por tal razón, se aumentan tus probabilidades de venta. Enfócate en tus clientes existentes. Nunca subestimes el potencial de los referidos para generar una venta. Realiza este ejercicio mental y contesta estas preguntas:

- ¿No te parece que atraer nuevos clientes resulta una tarea ardua y costosa?
- Tus clientes confían en ti. __ **Sí** __ **No**
- ¿No crees que si una persona conoce el producto, solo les falta un vendedor en quien puedan confiar?

Los clientes potenciales son altamente deseables pues energizan los negocios, sin embargo, como están apenas enterándose de las bondades de tu producto, aún no conocen tu proceso de ventas. Por tal razón, tienes una enorme oportunidad con tu clientela establecida de convertirla en tus *vendedores externos* que constantemente te venden a ti, tu producto y la experiencia que han vivido contigo.

Durante toda mi carrera, **he aprendido que solo no puedes lograr grandes resultados y que necesitamos todas las manos y mentes de otros seres humanos para que apoyen nuestra gestión de vida personal y profesional.** Sigue estos consejos y te garantizo el éxito en aumentar tus ventas, con este proceso que provoca un endoso poderoso hacia tu persona. ¿Deseas trabajar más o deseas hacerlo más estratégicamente? Sigue mi fórmula y tus ventas podrán experimentar de un 20% a 30% de aumento: Cliente que confía en ti + cliente que confía en tu producto = ¡más ventas y más ingresos!

Me he dedicado con enorme disciplina a desarrollar esta práctica y los resultados son impresionantes: un 45% de mis ventas provienen del segmento de referidos. Les confieso que es un segmento que me causa gran satisfacción porque significa confianza depositada en mí.

> Te reto a que completes el trabajo con esta simple pero muy efectiva *Entrada: Seguimiento.*

¡Sácale partido al **Momento del Hit Impulsador!:** Cuando te mantienes conectado con tu cliente a través del *Seguimiento* para **crear lealtad y socios de por vida.** Estás para él o ella luego de la compra y esta misma conexión te ayuda a obtener referidos que, eventualmente, se convertirán en ventas.

Fogueo:
Tu turno al bate

- - - ➤ **1.** ¿Cuáles serán las acciones de seguimiento a tus clientes?

      A - _____

      B - _____

      C- _____

- - - ➤ **2.** ¿Cuál es el beneficio de cultivar la relación con tus clientes existentes versus un cliente nuevo? Explica las bondades de cada uno.

      A - _____

      B - _____

      C - _____

- - - → **3.** ¿Qué frase poderosa utilizarás para solicitar referidos?

A - _____

B - _____

C - _____

Vilato Marrero

Undécima entrada extra:

Estructura de Manejo de Objeciones

Evita poncharte sin hacer *swing* con las bases llenas.

Es como quedarte comiendo banco, so bacalao. Si te ponchas sin hacer *swing* es que no hiciste algo para conectar la venta. Voy a comenzar esta entrada extra con una pregunta, ¿qué sistema de manejo de objeciones utilizas con tus clientes en la actualidad? ¿Acaso se llama algarete.com? ¿Dando palos a ciegas? Como puedes observar, ambos términos significan informalidad, improvisación y que no hay un proceso definido. Anteriormente, en la *Octava Entrada: Cierre* te enseñé cómo pedir la venta. A través de mi carrera profesional he analizado miles de cierres excelentes, otros buenos y muchos muy mediocres que, literalmente, convierten al vendedor en un mendigo. Me refiero a que, luego de una resistencia del cliente a la petición de venta, he escuchado estos manejos de objeciones: *«Si no vendo tendré problemas con mi gerente»*, *«Es el último día de cierre de mes y si no alcanzo mi cuota me despiden»* o peor aún, *«¡Ayúdeme, Sr. Cliente!»*. Te acabas de ponchar con las bases llenas.

Nuestro sistema de venta, al igual que nuestro sistema de manejo de objeciones, deben estar centrado en una proposición de valor poderosa enfocada en nuestro cliente y nunca en una improvisación que lacere nuestro valor profesional y, mucho menos, la imagen de empresas pequeñas, medianas y multinacionales. En palabras claras, la profesionalización de nuestra industria debe ser una tarea de educación continua para que equipe a todo vendedor con las mejores prácticas.

Los vendedores deben ser dignos representantes de sus empresas, pero esto no se logra si cuando lo contratas, simplemente lo equipas con un escritorio, un bolígrafo y folletos, acompañado de una palmadita en la espalda y un *Voy a ti campeón que tú puedes*. Como consecuencia, he visto directivos que se quejan de sus pobres resultados y no se dan cuenta de que tienen vendedores con poca capacitación quienes, en muchas ocasiones, se sienten amenazados con ser despedidos por un pobre desempeño y, por lo tanto, comienzan a utilizar malas prácticas para evitar el despido o para lograr su sustento mensual.

Siempre me he cuestionado cómo es posible que la posición de ventas que genera la mayor cantidad de ingresos para una compañía, se pueda dejar sin adiestramientos y desarrollo. Mi conclusión es que resulta muy fácil ver los ingresos, pero se presta muy poca atención al dinero que se deja en la mesa porque *no se ve o no duele*. Sin embargo, es aquí donde está la oportunidad y esta se llama eficiencia. Esto podrás debatirlo con un aumento de gastos publicitarios para atraer más clientes y de esa forma lograr más ventas. Es mi deber informarte que la fórmula se revierte a *más gastos publicitario – vendedores preparados = porciento menor de retorno de inversión (Return Of Investment*, ROI por sus siglas en inglés) o lo que es igual a dejar mayor cantidad de dinero en la mesa. **¿Deseas aumentar tu retorno de inversión? Debes invertir en la preparación y desarrollo de destrezas de tu fuerza de ventas, ¡punto!**

¿Le resultó familiar? ¿Se sintió identificado? **No adiestrar a los vendedores es como estar en el momento decisivo del juego y enviar a tu mejor bateador a enfrentar a un lanzador de 95 millas por hora con un bate de periódico mojado.** ¿Deseas alejarte de estas pobres prácticas? Utiliza esta metodología de ventas y el Sistema de Manejo de Objeciones que a continuación les explico:

Luego del no, utiliza la Estructura de Manejo de Objeciones

Mi experiencia como *coach* y experto en cierres de ventas me ha enseñado que el tema de manejo de objeciones es el que más dificultades brinda a todo profesional de ventas. He comprendido esta realidad al escuchar y analizar las competencias de vendedores al momento de enfrentarse a la resistencia del cliente. Todo comienza con pedir la venta para provocar un *sí* o un *no*. Mi mejor consejo es dejar de interpretar esta objeción como un no final y comenzar a sentirse cómodos con esta contestación, ya que viene disfrazada con trampas que no están a la vista.

Cuando un cliente te expresa su queja, molestia, resistencia u objeción, te está brindando su *clave o repaso del examen* para que logres con él un promedio de 100% y una A sólida. Es como cuando estás bateando y descubres que el próximo lanzamiento será recta por el centro del plato, te aseguro que la esperas sin sorpresa para sacarla por los 400 pies del jardín central. *Cliente que habla y se expresa, cliente que puedo entender mejor y lograr la venta.* Algunos de los mayores obstáculos de los que debes estar consciente son: miedo al rechazo y dejar de ser complaciente en esta acción. Por el contrario, debes lanzarte a realizar preguntas para comprender la razón por la cual no está cerrando el negocio contigo en ese instante. El *no* está disfrazado de varios significados y voy a evitar que caigas en las trampas que impiden tu cierre para que manejes las objeciones con seguridad y logres mejores resultados. Piensa en estas tres realidades al momento de la objeción de tu cliente para que puedas crear tu estrategia de cierre:

1. *Cliente todavía no confía en mí:* Es una posibilidad pues no te conoce y la confianza no está en su momento óptimo.

2. *Cliente todavía no confía en mi producto:* Es posible que al ser un cliente potencial, desconozca sus beneficios.

3. *Cliente todavía no percibe el valor:* Tu responsabilidad es hacer que lo vea.

Un denominador común es que muchos vendedores no saben qué decir o qué hacer cuando surge este momento y es en este punto cuando el proceso se torna improvisado.

El desconocimiento de esta herramienta y, a su vez, no poder ponerlas en práctica, representa oportunidades perdidas y muchas frustraciones. Compartiré las mejores jugadas de manejo de objeciones que me han brindado muchas victorias e incontables satisfacciones.

- El **primer paso** de manejo de objeciones es utilizar la **empatía** ante la contestación del cliente. La expresión que utilizo es: *«Le comprendo, yo también soy cliente»*. Esta expresión genera que tanto el vendedor como el cliente se alineen en una misma dirección y sin diferencias.

- El **segundo paso** es ser curioso para **aclarar** cualquier duda; pregunto: *«¿Le puedo preguntar por qué?»*. Esto hace que el cliente comparta sus emociones y exprese sinceramente cuál es su objeción.

- El **tercer paso** es aislar la resistencia al repetir las palabras del cliente y que él asienta correctamente. En esta ocasión, comunico: «*Lo que entiendo es que usted valora su presupuesto, ¿correcto?*». Esto hace que acordemos manejar solamente un tema para lograr un mayor entendimiento.

- En el **cuarto paso**, es pedir **permiso** para presentar información de artículos, evaluaciones o premios logrados que aporten un valor relevante a su objeción. Le pregunto: «*¿Me permite unos minutos para brindarle información valiosa que le ayudará a proteger su presupuesto?*».

- El **quinto paso** que utilizo es el **prefinal**, mediante el cual mi cliente percibe el valor que aporta mi producto al comprender las satisfacciones que le brindará. Pregunto: «*¿Ahora comprende cómo mi producto le ayuda a proteger su presupuesto?*» (Las objeciones las determinará el propio cliente y pueden ser: comodidad, desempeño, garantía, ahorro de dinero y seguridad.

La clave está en mantenerse constante y repitiendo la misma palabra u objeción para no añadir confusiones innecesarias).

- En el **sexto y último paso** del **cierre** vuelvo a pedir la venta pues asumo que por mi buen servicio, buenas prácticas y valor percibido, mi cliente aceptará. Utilizo esta expresión: «*¿Entonces, basado en esta información procedemos a hacer la orden, correcto?*».

Como puedes observar, este proceso está diseñado con pasos sencillos y bien explicados para que cuando los aprendas y ejecutes, logres una proyección profesional, obtengas una mayor cantidad de cierres y, por supuesto, mayores ingresos.

Te reto a que no caigas en la trampa del vendedor mendigo y a que te conviertas en el cuarto bate en ventas de alto rendimiento a través de la Estructura de Manejo de Objeciones.

¡Sácale partido al **Momento del Hit Impulsador!:** Cuando muestras empatía ante la resistencia de tu cliente y luego muestras curiosidad por comprender la razón de esa objeción. El cliente que expresa su objeción es uno que puedes ayudar a través de una segunda oportunidad de valor. **Los profesionales más exitosos son los que demuestran mayor determinación al brindar valor y pedir la venta nuevamente.**

Fogueo:
Tu turno al bate

- - - → **1.** ¿Qué pasos incluye la Estructura de Manejo de Objeciones?

    A - _____

    B - _____

    C- _____

    D- _____

    E- _____

    F- _____

- - - → **2.** ¿Cuáles frases harás tuyas en los 6 pasos del Manejo de Objeciones?

    A - _____

    B - _____

    C - _____

- - - → **3.** ¿Qué significa para ti ser un vendedor de alto rendimiento a diferencia de un vendedor que se poncha con todas las bases llenas?

A - _____

B - _____

C - _____

Vilato Marrero

√168

El juego del éxito

Te invito a practicar e integrar la metodología de *El vendedor de grandes ligas* que he compartido contigo. A través de ella, lograrás la conversión de *comprador potencial a cliente* y, junto a su proceso de adquisición de un producto, le estarás regalando una buena experiencia como resultado de tu buen servicio. Lo que perdurará es lo que le hagas sentir durante el proceso apoyado por una proposición de valor que le hará creer en ti, cambiar de parecer, aumentar su percepción y tomar decisiones asesoradas por ti para satisfacer su necesidad, mientras dejas una impresión permanente que generará la lealtad del cliente.

Practica, practica, practica. Recuerdo que en mis tiempos de béisbol profesional practicaba a las dos de la tarde y jugaba a las siete de la noche. Al próximo día, practicaba a las dos de la tarde y jugaba a las siete de la noche. Durante las prácticas perfeccionaba mis destrezas para no errar durante el juego. Esta rutina se repetía por treinta días al mes. Era impensable decir: *«Coach, ya sé jugar la tercera base, así que hoy no practicaré»*. La única opción era practicar y ser mejor cada día. Con el paso de los años, esta experiencia se convirtió en una estrategia para trabajar más eficiente y ser más productivo.

En el juego de las ventas, la práctica se realiza en el salón de adiestramiento; jugamos y bateamos en vivo, cuando servimos a nuestros clientes. Sin adiestramiento y sin práctica, no podrás contar con las destrezas de alto rendimiento y de servicio en el momento en que estés con un cliente; el resultado serán pérdidas de oportunidades de ventas, clientes y dinero para ti y la empresa a la que perteneces.

Atrévete y lánzate a mostrar buenas prácticas, pedir la venta y lograr grandes resultados, aunque tengas miedo. También te recomiendo tocar estas tres bases para mejorar cada día:

1. La **primera base** es no temer, ya que el miedo paraliza. Aún no he conocido a nadie que tenga una buena ejecución, mientras está quieto.

2. La **segunda base** es pedir lo que deseas. Si no lo haces, ¿cómo pretendes obtener lo que no pides?

3. La **tercera base** es ponerte en acción todos los días para te acerques más a tus logros.

Todo, para que llegues al *homeplate* y ganes el juego. Invierte tu tiempo en aprender esta metodología de ventas y, de vendedor te transformarás en un profesional de ventas de alto rendimiento.

Los negocios y los deportes son muy similares. De ahora en adelante, utiliza este libro como tu plan de trabajo diario para que evalúes las prácticas que ejecutas con cada venta y puedas mejorar en las áreas de oportunidad. Recuerda que solo puedes mejorar lo que puedes medir o aquello de lo que eres consciente. Aprende y prepárate para que cuando estés frente a un cliente, tengas pleno dominio de las competencias de un vendedor y logres mayores resultados con el mejor desempeño. Al aprender y utilizar este método de *Entradas* de *El vendedor de grandes ligas*, podrás manejar el proceso de ventas con mayor seguridad.

¡No te ponches sin tirarle a la pelota! ¡Batea y sácala del parque!

Las cinco destrezas de un vendedor de grandes ligas

1. **Velocidad** – Agilidad y diligencia de recibir a tu cliente y lograr una conexión. Recopilar los documentos luego de la entrega para cobrar el negocio.

2. **Buen *fildeo*** – Cuando el vendedor de grandes ligas descubre, escucha y atiende bien a su cliente, se dice que este último está en buenas manos.

3. **Buen brazo** – Cuando el vendedor de grandes ligas puede traducir las características del producto en valor y beneficio para el cliente.

4. **Bateo de poder** – Se refleja en la habilidad de pedir la venta y en la constancia de lograr buenos cierres de negocios. Ejemplo:

Cuando logras incluir contratos de servicios o garantías extendidas que protegen al consumidor y aumentas el *ticket*.

5. **Bateo sobre promedio** – Cuando sobrepasas las expectativas de ventas mensuales.

Las cinco competencias de
El vendedor de grandes ligas

1. **Conectar** – Es establecer una relación entre seres humanos que fomente la confianza.

2. **Descubrir** – Es hallar lo desconocido a través de preguntas que fomenten la comunicación.

3. **Beneficiar** – Es brindar el beneficio final a los clientes, que se traduce en: ahorro de dinero, garantía, seguridad, desempeño y comodidad.

4. **Cerrar** – Es la habilidad de lograr acuerdos constantes que se traducen en ventas.

5. Contactar – Es lograr socios de por vida leales a la marca a través del contacto.

Sabiduría del béisbol

La disciplina, compromiso y resiliencia que se adquieren a través del béisbol han sido componentes imprescindibles de mi fórmula del éxito.

- Aprendí a no encontrar excusas, sino a enfocarme en los resultados a través de la acción y el liderazgo.

- Aprendí que el fanático ve el juego cuando ruedan las cámaras en la noche, pero **el jugador conoce que la práctica temprano en la tarde es la acción que perfecciona sus habilidades a través de la repetición.**

- Aprendí que la práctica es igual de importante que el juego y es cómo nacen las mejores destrezas físicas y mentales.

√177

- Aprendí a respetar el tiempo de otros al llegar a tiempo a los compromisos.
- Aprendí que tu compañero de equipo es tu amigo y ambos dependen del otro para lograr resultados óptimos.
- **Aprendí que las jugadas cambian al igual que las estrategias y pienso que la vida se comporta de igual manera.**
- Aprendí a adaptarme a los cambios en poco tiempo.
- Aprendí a competir, ser ganador y a reflexionar en las derrotas para convertirlas en victorias en las próximas citas.
- Aprendí que el juego se hace con pasión y que los momentos de victoria te impulsan a ir por más.
- Aprendí que una disciplina sin precedente hace que juegues con compromiso, diversión y constancia.

- Aprendí que puedes ser positivo y optimista luego de una derrota porque las victorias llegan en hilo, una detrás de otra.
- Aprendí a poncharme consecutivamente para luego entrar en rachas explosivas de imparables.
- Aprendí que no es cómo tú comiences, sino cómo tú termines y que este concepto aplica perfectamente a una temporada de béisbol como a la vida misma.
- Aprendí que jugar béisbol a nivel profesional brinda recursos que los llevas por el resto de tu vida personal y carrera profesional.
- **Aprendí que el carácter no se forma en la caída, sino cuando te levantas.**
- Aprendí que los cambios son normales y que tu momento de grandeza está en la adaptación.
- **Aprendí que los sueños no se incumplen, sino que evolucionan o se transforman.**

- Aprendí que es necesario trabajar con las circunstancias que se presenten, aunque produzcan dolor o tristeza.

- Aprendí que nunca, nunca, nunca es tarde para lograr tus sueños.

- Aprendí que la vida continúa y está en uno mismo forjarse un camino propio a través de la acción, la adaptación y los deseos de buscar más allá de tu zona cómoda.

- Aprendí que las quejas vanas no aportan a tu crecimiento personal o profesional.

- Aprendí que nadie ha roto ningún récord mundial pensando que no puede lograrlo.

- Aprendí que la resistencia es una negociación entre el cuerpo y la mente en la que el cuerpo se siente cansado y a punto de parar, mientras la mente constantemente te recuerda que *quedan diez millas de viaje para llegar, faltan solo tres entradas para ganar, queda solo un mes para vencer, dale que tú puedes.*

√180

- **Aprendí que tienes el poder, el deber y la responsabilidad de elegir tu camino, tomar decisiones y lograr tus objetivos.**

- Aprendí a ser determinado en las decisiones y mostrar compromiso con ellas para poder lograrlas.

- Aprendí que el haber firmado como pelotero profesional, no te garantiza que lograrás ser un jugador de las Grandes Ligas.

- Aprendí a agradecer las oportunidades, aprender de ellas y ver la ganancia en todo obstáculo que presente la vida.

- Aprendí a tener conciencia de que todo en la vida tiene fecha de expiración y a moverme hacia adelante sin apegos que limiten el potencial como persona y profesional.

- **Aprendí que debes hacer preguntas, investigar y ser curioso al momento de explorar posibilidades.**

- Aprendí que *estar dentro del juego* significa reunirte con personas que aporten y aprender acerca de lo nuevo, para que te consideren cuando surjan las oportunidades.

- Aprendí que el ego, los miedos y las limitaciones solo existen en la mente, que atentan contra el desarrollo y que es uno mismo quien debe erradicarlos.

- Aprendí que los apegos limitan el crecimiento y desarrollo del ser humano.

- Aprendí que si trabajas con compromiso, resistencia y disciplina podrás alcanzar y lograr todo lo que te propongas.

- Aprendí que una buena actitud ante la vida es un elemento que da poder para alcanzar el éxito.

- Aprendí que existen muchos números colectivos en el béisbol, pero aquellos del desempeño individual son los que te mantienen en el deporte.

- **Aprendí que mi mayor competidor no era nadie externo sino mi propia persona y,** por lo tanto, decidí desarrollar una mentalidad de enfoque y responsabilidad sobre mis acciones.

- Aprendí a crear mi propio plan de trabajo alrededor de mis fortalezas y mis dones.

- Aprendí que estar pendiente a lo que hacen los demás para imitarlos, me alejaría de lo que me hace distinto para convertirme en una copia de otros, y que esto no brinda felicidad y mucho menos, ganancia.

- Aprendí que los éxitos de un colega también me enseñan y a felicitarlo por sus logros.

Conecta conmigo a través de mi página: **www.vilatomarrero.com** o puedes encontrarme en Facebook, Instagram, LinkedIn y YouTube.

Regístrate con tu correo electrónico y obtén la lista de cotejo de *El vendedor de grandes ligas*.

183

Referencia rápida
Juego estratégico de
El vendedor de grandes ligas

- **Primera Entrada: Prospección**

  Existir en la mente consciente del consumidor para que considere tu producto. Los medios sociales se han posicionado como los de mayor costo-efectividad. *«Hola, mi nombre es _____. Me dedico a hacer feliz a las personas a través de (mencionar el servicio o el producto) _____».*

- **Segunda Entrada: Bienvenida**

  Es la bienvenida que se le da a un cliente y que es motivo de gran alegría. Entrada diseñada para comenzar a construir una relación entre cliente-vendedor. *«Hola, mi nombre es _____, gracias por visitarnos. ¿Cuál es su nombre?».*

- **Tercera Entrada: Descubrimiento**

  Es el hallazgo de lo desconocido hasta el momento y cuando se descubren las necesidades del cliente a través de las preguntas enfocadas en las seis áreas de descubrimiento de necesidades. Estas son: producto deseado, producto para cambio, situación financiera, toma de decisión, hábitos de compra e información personal. *Tomaré un poco de tiempo para hacerle unas preguntas para descubrir sus necesidades. ¿Me permite?».*

- **Cuarta Entrada: Selección**

Es cuando el cliente elige un producto por un criterio o motivo determinado para satisfacer sus necesidades. *«Según los detalles discutidos, el producto que llena sus necesidades es el siguiente _____».*

- **Quinta Entrada: Presentación**

Se muestran las bondades del producto de una forma efectiva a través de las características, ventajas y beneficios que brinda al consumidor. Las funciones del producto deben ser explicadas fácilmente a través de estas tres preguntas que deben ser contestadas sobre el producto y para beneficio del cliente. Ejemplo:

1. Características = ¿Qué es?

   Frenos de sistema *Anti-Lock* (ABS),

2. Ventajas = ¿Qué hace?

   Controla el vehículo cuando en una emergencia, se frena abruptamente.

3. Beneficios = ¿Cómo le beneficia?
Evita posibles choques, aumenta la
seguridad de los pasajeros y ahorra
dinero de reparaciones.

• Sexta Entrada: Prueba

Todo cliente se merece una prueba para
decidir si el producto es de su agrado o
satisface sus necesidades. Activa los sentidos y pasa del estado racional al emocional. Es la primera ocasión en que el cliente
emplea sus sentidos en contacto con el
producto. *«¿Este es el modelo que más se
ajusta a su estilo?»*.

• Séptima Entrada: Negociación

Es el proceso de acordar los detalles del precio, pronto, términos, entrega, pago, interés
y pronto entre otros. Antes de comenzar
una negociación, prepárate para establecer
el plan de negocio que deseas presentar y

poder encontrar puntos en común con el cliente. *«Los detalles del acuerdo son los siguientes: precio, pronto, pagos y _____».*

- **Octava Entrada: Cierre**

¡Aquí pides la venta! Esta es la entrada en que la definición de venta se materializa y se hace la conversión de cliente potencial a cliente. Solo tienes una ventana de tiempo estrecha y debes comprender las señales de cierre del cliente para que, oportunamente, puedas pedir la venta y que te la conceda. *«Este es el modelo que interesa, ¿correcto? Entonces, solo necesito una firma por aquí. ¿El método de pago será efectivo o financiado?».*

- **Novena Entrada: Entrega**

Es una celebración para el cliente y el vendedor. Hay mucha emoción por haber logrado una compra que le brindará seguridad, economía, sentido de pertenencia, renovación y garantía, entre otras satisfacciones. *«Le hago entrega del producto y estas son las funciones básicas, aquí están los documentos de la garantía y los números a llamar en caso de emergencia o si necesita un servicio, todo se encuentra en este documento».*

- **Décima Entrada Extra: Seguimiento**

Es la acción de observación y cuidado para conocer el funcionamiento del producto que ha comprado el cliente. Se recomienda una llamada al tercer día, luego al mes y luego, cada tres meses. Estas llamadas son estratégicas, ya que te dan la oportunidad de estar cerca del cliente para brindarle servicio, pero, a su vez, obtener referidos y la posibilidad de volverle a servir en su próxima compra. *«¡Hola, Sr. Cliente! Le habla (tu nombre) de la empresa ABC.*

Le llamo para conocer sobre el funcionamiento del producto y contestar alguna duda o pregunta que tenga del mismo. ¿Conoce algún amigo, vecino o familiar que interese comprar y me pueda referir para que disfrute su misma experiencia?».

- **Undécima entrada extra:**

  Estructura de Manejo de Objeciones

  Es aceptar las objeciones y no caer en la trampa del miedo al rechazo. Es comprender estas tres posibilidades: el cliente aún no confía en ti, aún no confía en tu producto o todavía no has logrado una justificación de valor adecuada. Utiliza la empatía, sé curioso, aísla la objeción, pide permiso para brindar valor, prefinaliza y cierra nuevamente.

Momentos del Hit Impulsador

Los *Momentos del Hit Impulsado*r son momentos en que ocurre una acción positiva al proceso de ventas que crea una energía, un *momentum* que te impulsa a lo próximo. No lo dejes pasar. ¡Sácale partido al *Momento del Hit Impulsador* de cada entrada.

- Cuando el cliente potencial **responde a tu esfuerzo** de Prospección sobre tu producto o servicio.
- Cuando logras esa **conexión emocionante** durante la Bienvenida.
- Cuando preguntas al cliente y **descubres**

191

sus gustos, deseos y necesidades genuinas en el Descubrimiento.

- **Cuando identificas el producto que mejor sirve a tu cliente** en el proceso de Selección.
- Cuando aumentas la proposición de valor al demostrar las especificaciones del producto enfocadas en las necesidades del cliente: **cómo le aporta a su seguridad, economía, desempeño, comodidad y estilo** durante la Presentación de características (¿Qué es?), ventajas (¿Qué hace?) y beneficios (¿Cómo se beneficia?).
- Cuando haces que tu cliente tenga una Prueba del producto y logras que se visualice en posesión de este. Algunos ejemplos de pruebas que se realizan en casi todas las industrias son: pruebas de manejo de vehículos, pinturas con mezcla de colores, perfumes, alimentos, espejuelos, cosméticos. **Todo cliente merece y debe tener**

la **oportunidad de hacer una prueba del producto** para que pueda tomar su mejor decisión.

- **Cuando presentas a tu cliente los términos económicos que se convertirán en acuerdos** durante la entrada de Negociación. Sin obviar que para lograr un acuerdo exitoso has añadido una justificación del valor y, cuando ha sido necesario, has logrado cambiar su percepción de valor. Lo alcanzas cuando escribes primero en la Hoja de Trabajo todas de las características, ventajas y beneficios que tu cliente obtiene del producto y este está de acuerdo por ser una propuesta justa del negocio.

- Cuando llegas al Cierre **que convierte el cliente potencial en un comprador satisfecho** con tu producto. Es cuando pides la venta que significa solicitarle al cliente hacer el negocio ahora y no luego.

- Cuando llegaste a la celebración de la Entrega que es un logro emocionante. Explicas la garantía y el producto para que conozca su utilización básica. Es un **evento memorable para el cliente y observas cómo se emociona al hacerlo suyo.** Es como haber ganado el juego y celebrar de forma contagiosa con brincos, saludos, risas, abrazos y grandes dosis de alegría en medio del estadio frente a miles de fanáticos. Se siente poderoso, vencedor y orgulloso por el logro que alcanzó con su compra.

- Cuando te mantienes conectado con tu cliente a través del Seguimiento para **crear lealtad y socios de por vida.** Estás para él o ella luego de la compra y esta misma conexión te ayuda a obtener referidos que, eventualmente, se convertirán en ventas.

Sobre el autor

Vilato Marrero

Vilato Oreste Marrero Vázquez nació en Bayamón, Puerto Rico. Creador de la metodología de ventas *El vendedor de grandes ligas*. Es capacitador, *coach* empresarial y corporativo, experto en ventas, servicio y liderazgo. Manejó exitosamente las operaciones de Hertz RAC, en Carolina, donde ganó el premio de excelencia Corazón Púrpura mientras ocupaba la posición de gerente de estación. Fue vendedor de las marcas de autos Daewoo® y Suzuki®, seleccionado entre los 10 mejores vendedores de Puerto Rico durante 6 años consecutivos;

en ese tiempo, ganó 11 viajes de incentivo por ventas. Trabajó como gerente de financiamiento de autos y adiestró a colegas para que lograran éxito en esta posición. Fue nombrado como *Senior Dealer Development Manager* de Premier Warranty Services, una compañía exitosa en el desarrollo de concesionarios y donde perfeccionó sus destrezas de evaluar, implementar procesos y adiestrar a estas empresas. Fue preparado como gerente de distrito por la compañía internacional The Warranty Group para ayudar implementar la ruta al éxito de concesionarios de autos a través del análisis de sistema, reclutamiento, plan de compensación, adiestramiento, proceso y medición. En el 2015, comenzó a estudiar la metodología del liderazgo con su mentor, John C. Maxwell, y en el 2016, se certifica como maestro, adiestrador, entrenador y conferencista. En el 2016, incorpora su empresa VM Enterprises LLC para ayudar a profesionales a lograr éxito en ventas, servicio y liderazgo. En el 2017, ingresó al grupo selecto de "Mentorship" de la organización y uno de sus logros más recietes fue certificarse como Consultor Certificado Maxwell en Análisis de Conducta DISC, en el 2019.

Industrias de diversas categorías cuentan con sus servicios: automotriz, salud, finanzas, bancarias, construcción, deportivas, de productos de consumo, así como distintas asociaciones profesionales y de comerciantes.

Bibliografía

Maxwell, John C., (1997), *Becoming a Person of Influence,* Nashville, Tennessee, by Thomas Nelson, Inc.

Maxwell, John C., (2010), *Everyone Communicates, Few Connect,* Published in Nashville, Tennessee, by Thomas Nelson®

Ryan Automotive Development, Inc. (1991), *Reinforcing Sales Skills,* Automotive Development Centers, Inc., Chicago, IL

Lecturas recomendadas:

Afremow, Jim. (2013). *The Champion's Mind: How Great Athletes Think, Train and Thrive.* Emmaus, PA: Rodale Books

Cardone, Grant. (2011). *The 10X Rule.* Hoboken, New Jersey: Wiley

Carnegie, Dale. (1998). *How to Win Friends and Influence People.* Gallery, New York: Pocket Books

Covey, Stephen R. (1989). *The 7 Habits of Highly Effective People.* New York, New York: Free Press

Duckworth, Angela. (2016). *Grit*. New York, New York: Scribner

Gladwell, Malcolm. (2013). *David and Goliath*. New York, New York: Little, Brown and Company

Goleman, Daniel. (1995). *Emotional Intelligence*. New York, New York: Bantam Books

Hill, Napoleon. (1937). *Think and Grow Rich*. USA: Napoleon Hill

Levinson, Jay Conrad. (1984). *Guerrilla Marketing*. USA: Mariner Books

Maxwell, John C. (1993). *Developing the Leader Within You*. Nashville, TN: Thomas Nelson

Maxwell, John C. (2015). *Intentional Living*. New York, NY: Center Street is a Division of Hachette Book Group

Sinek, Simon. (2009). *Start with Why: How Great Leaders Inspire Everyone to Take Action*. USA: Portfolio

Tzu, Sun. (1519-1520 5th Century BC). *The Art of War*. China: Niccolo Machiavelli

Made in the USA
Columbia, SC
06 November 2024

45820337R00126